Air fryer dual

La machine
aux
deux tiroirs

Air fryer dual

La machine aux deux tiroirs

Recettes et stylisme de Coralie Ferreira

Photographies d'Aline Princet

SOMMAIRE

200C
140C
Moulinex

RÉGALEZ-VOUS EN PRÉPARANT DES REPAS COMPLETS, DORÉS ET CROUSTILLANTS, POUR TOUTE LA TRIBU !

L'air fryer, ou friteuse à air, est l'assistant culinaire désormais largement adopté par de nombreuses personnes ravies de déguster des recettes à la panure croustillante, des légumes joliment dorés, des viandes ou poissons parfaitement cuits ou encore d'excellentes frites, le tout cuit avec très peu d'huile pour un résultat délicieux et sain.

Doté d'une technologie innovante, l'air fryer propose deux méthodes de cuisson : à air chaud (air fry) et sous le gril (grill). La particularité du modèle Dual Easy Fry & Grill est sa grande capacité puisqu'il est équipé de deux tiroirs. Le grand tiroir, d'une contenance de 5,2 l, permet de cuisiner des pièces volumineuses tels un rôti ou une volaille, ou toute autre préparation en quantité généreuse. Le tiroir classique (3,1 l) peut accueillir une seconde préparation, par exemple un accompagnement de légumes, des frites, des potatoes, selon les recettes. Tous ces atouts rendent votre air fryer Dual Easy Fry & Grill particulièrement adapté aux familles ou aux repas entre amis !

De plus, il est possible de cuire les préparations de chaque tiroir à des températures et selon des modes de cuisson différents. Et si vous activez la fonction SYNC, l'appareil synchronise les deux cuissons de telle façon qu'elles se terminent au même moment. Ensuite, il n'y a plus qu'à passer à table !

Poulet rôti au citron et grenailles, brochettes de dinde à l'indienne et chou-fleur rôti, fish and chips à la bière, pavés de saumon aux choux de Bruxelles, falafels et aubergines confites, crumble de butternut au parmesan...

Sans plus attendre, découvrez 100 recettes de plats complets pour le quotidien et pour recevoir !

ZOOM SUR LA GAMME EASY FRY & GRILL

Qu'est-ce que la technologie Extra Crisp ?

- Ce sont des résultats croustillants, avec peu ou pas d'huile : 99 % de matières grasses ajoutées en moins*
- Une économie de temps et d'énergie : 40 % plus rapide et économe par rapport à un four classique**

Capacité	5 l jusqu›à 6 personnes	6,5 l (ou 2 x 3,25 l) 4 à 6 personnes	8,3 l (5,2 l + 3,1 l) 4 à 8 personnes	11 l (6,5 l + 4,5 l) 6 à 10 personnes
Programmes	10 programmes préenregistrés : Frites – Nuggets – Bacon – Crevettes – Poulet rôti – Pizza – Steak – Légumes – Poisson – Desserts	8 programmes préenregistrés : Frites – Nuggets – Poulet rôti – Pizza – Viande – Poisson – Légumes – Dessert	8 programmes préenregistrés : Frites – Poulet – Légumes – Poisson – Desserts – Déshydratation – Grill – Manuel	7 programmes préenregistrés : Frites – Poulet – Légumes – Poisson – Desserts – Déshydratation – Manuel
Température	De 40 °C à 220 °C	De 40 °C à 220 °C	De 40 °C à 200 °C	40 °C à 200 °C
Puissance	1 670 W	1 830 W	2 700 W	2 700 W
Accessoires	Grille en fonte	Grille en fonte + Séparateur de cuisson Flexcook	Grille en fonte	2 grilles
Minuteur	Minuterie digitale jusqu›à 10 h avec signal sonore en fin de cuisson	Minuterie digitale jusqu'à 10 h avec signal sonore à mi-cuisson pour remuer et fin de cuisson	Minuterie digitale jusqu'à 10 h avec signal sonore à mi-cuisson pour remuer et fin de cuisson	Minuterie digitale jusqu›à 10 h avec signal sonore en fin de cuisson
Mode synchronisation	Non	Oui	Oui	Oui
Compatible lave-vaisselle	Tiroir de cuisson, plaque grill	Tiroir de cuisson, plaque grill, séparateur Flexcook	Tiroir de cuisson, plaque grill	Tiroirs de cuisson
Quantité de frites fraîches réalisable	1,5 kg	1,2 kg	1,5 kg	2,5 kg

* par rapport à une friteuse classique.
** test externe, réalisé pour une cuisson de 700 g de frites surgelées, en comparaison avec un four à convection Moulinex.

VOLAILLES

LIGHT

SALADE AU POULET PANÉ, CROÛTONS ET TOMATES

INGRÉDIENTS

2 cœurs de laitue émincés
2 c. à soupe de mayonnaise

2 c. à soupe de yaourt velouté
Sel, poivre

Pour la cuve 1

8 aiguillettes de poulet

1 œuf
1 c. à café de romarin
100 g de chapelure

2 tranches de pain (environ 80 g), en cubes
2 c. à soupe d'huile d'olive

Pour la cuve 2

400 g de tomates cerises
1 gousse d'ail hachée finement
3 c. à soupe d'huile d'olive

4 PERSONNES

25 MIN | 34 MIN | €

Pour la cuve 1

1. Battez l'œuf avec du sel, du poivre et le romarin. Trempez les aiguillettes de poulet dans l'œuf battu, puis dans la chapelure pour bien les enrober. Mélangez les cubes de pain avec l'huile d'olive, du sel et du poivre.

Pour la cuve 2

2. Mélangez les tomates cerises avec l'huile d'olive, l'ail, du sel et du poivre.

Cuisson

3. Dans la cuve 1, disposez les aiguillettes sur la grille, puis programmez **12 min de cuisson à 190 °C en mode manuel**. Dans la cuve 2, placez les tomates cerises sur la grille et programmez **30 min de cuisson à 160 °C en mode manuel**. Appuyez sur SYNC, pour que les deux cuissons se terminent en même temps, puis lancez la cuisson.

4. Pendant ce temps, mélangez la mayonnaise avec le yaourt, du sel et du poivre pour préparer la sauce. Lorsque la cuisson est terminée, ôtez les aiguillettes de poulet de la cuve 1, déposez-y le pain et programmez **4 min de cuisson à 200 °C en mode manuel**.

5. Une fois la cuisson terminée, assemblez la salade en disposant la laitue, les tomates cerises rôties, les aiguillettes de poulet panées et les croûtons. Ajoutez la sauce et servez aussitôt.

INGRÉDIENTS

Pour la cuve 1

800 g de pommes de terre spéciales frites (à chair farineuse)

2 c. à soupe de romarin

1 c. à café de paprika
1 c. à café de cumin
4 c. à soupe d'huile d'olive
Sel, poivre

Pour la cuve 2

4 hauts de cuisses de poulet

1 c. à soupe de thym séché
3 brins de persil hachés
3 brins de basilic hachés
1 gousse d'ail pressée
1 pincée de paprika
2 c. à soupe d'huile d'olive

POULET RÔTI
AUX HERBES ET POTATOES

4 PERSONNES

20 MIN | 30 MIN | €

Pour la cuve 1

1. Coupez les pommes de terre en grosses frites sans ôter la peau. Mélangez-les avec le romarin, le paprika, le cumin, du sel, du poivre et l'huile d'olive. Disposez-les dans la cuve 1 sur la grille.

Pour la cuve 2

2. Assaisonnez le poulet avec le thym, le persil, le basilic, l'ail et le paprika, salez et poivrez. Arrosez le tout d'huile d'olive et massez les hauts de cuisses. Placez-les dans la cuve 2, sur la grille.

Cuisson

3. Programmez la cuve 1 pour **30 min de cuisson à 200 °C en mode manuel** et la cuve 2 pour **25 min de cuisson en mode manuel à 200 °C**.

4. Appuyez sur SYNC, pour que les deux cuissons se terminent en même temps, puis lancez la cuisson. Mélangez les potatoes à mi-cuisson pour qu'elles cuisent uniformément.

5. Servez les hauts de cuisses de poulet accompagnés des potatoes dorées.

TOUR DU MONDE

SPÉCIAL KIDS

NUGGETS DE POULET
ET FRITES

4 PERSONNES

40 MIN | 45 MIN | €

INGRÉDIENTS

Pour la cuve 1

4 filets de poulet coupés en dés de 5 cm

100 g de farine

3 blancs d'œufs

100 g de flocons de purée de pommes de terre

Pour la cuve 2

800 g de pommes de terre spéciales frites (à chair farineuse)

3 c. à soupe d'huile neutre ou de friture

Sel, poivre

Pour la cuve 1

1. Salez les dés de poulet. Roulez-les dans une assiette contenant la farine, puis tapotez-les pour retirer le surplus.
2. Battez les blancs d'œufs dans une assiette creuse et plongez-y les morceaux de poulet.
3. Versez les flocons de purée dans un récipient creux et roulez le poulet dedans. Réservez.

Pour la cuve 2

4. Épluchez, rincez et coupez les pommes de terre en frites d'environ 1,5 cm d'épaisseur. Rincez-les sous l'eau froide, puis séchez-les dans un torchon propre. Déposez-les dans un saladier, salez, poivrez et arrosez d'huile. Mélangez bien.

Cuisson

5. Placez les nuggets sur la grille de la cuve 1 et programmez **20 min de cuisson à 180 °C en mode manuel**. Déposez les frites sur la grille de la cuve 2 et programmez **45 min de cuisson en mode frites**.
6. Appuyez sur SYNC, pour que les deux cuissons se terminent en même temps, puis lancez la cuisson. Retournez les nuggets à mi-cuisson et mélangez les frites à plusieurs reprises.
7. Servez les nuggets avec les frites.

Astuce

Servez avec une sauce barbecue.

INGRÉDIENTS

Pour la cuve 1

1 petit poulet d'environ 1,3 kg

1 citron coupé en deux

3 brins de thym

1 tête d'ail coupée en deux

2 c. à soupe d'huile d'olive

Sel, poivre

Pour la cuve 2

600 g de pommes de terre grenailles

4 gousses d'ail légèrement écrasées

4 brins de thym

4 c. à soupe d'huile d'olive

POULET RÔTI
AU CITRON ET GRENAILLES

4 PERSONNES

10 MIN | 45 MIN | €

Pour la cuve 1

1. Badigeonnez le poulet d'huile. Salez et poivrez l'intérieur et l'extérieur du poulet. Placez ½ citron à l'intérieur du poulet, avec le thym, et ½ citron sur la moitié de la tête d'ail. Badigeonnez d'huile l'autre moitié de l'ail.

Pour la cuve 2

2. Laissez la peau des grenailles et coupez-les en deux si elles sont grosses. Placez-les avec l'ail, le thym, l'huile d'olive, du sel et du poivre dans un saladier, mélangez.

Cuisson

3. Placez le poulet dans la cuve 1 sur la grille, avec l'ail et le citron, et programmez **45 min en mode poulet rôti**. Disposez les grenailles dans la cuve 2 sur la grille et programmez **30 min de cuisson en mode frites**.

4. Appuyez sur SYNC, pour que les deux cuissons se terminent en même temps, puis lancez la cuisson. Retournez le poulet à mi-cuisson pour qu'il dore uniformément et mélangez régulièrement les grenailles.

5. Servez le poulet accompagné des grenailles au thym et à l'ail.

INGRÉDIENTS

Pour la cuve 1

4 filets de poulet

4 brins d'estragon ciselés

4 brins de persil ciselés

6 brins de ciboulette ciselés
2 c. à soupe d'huile d'olive
Sel, poivre

Pour la cuve 2

800 g de champignons de Paris en quartiers

2 gousses d'ail hachées
4 brins de persil ciselés
4 c. à soupe d'huile d'olive
4 c. à soupe de crème fraîche

POULET AUX HERBES
ET CHAMPIGNONS RÔTIS

4 PERSONNES

15 MIN | 25 MIN | €

Pour la cuve 1

1. Badigeonnez les filets de poulet d'huile d'olive, puis parsemez de sel, de poivre, d'estragon, de persil et de ciboulette.

Pour la cuve 2

2. Mélangez les champignons avec l'ail, le persil, l'huile d'olive, du sel et du poivre.

Cuisson

3. Placez les filets de poulet dans la cuve 1, sur la grille, et programmez **20 min à 180 °C en mode manuel**. Déposez les champignons sur la grille de la cuve 2 et programmez **25 min à 200 °C en mode manuel**.

4. Appuyez sur SYNC, pour que les deux cuissons se terminent en même temps, puis lancez la cuisson. Mélangez les champignons à mi-cuisson.

5. Servez les filets de poulet accompagnés des champignons rôtis et de 1 c. à soupe. de crème fraîche.

INGRÉDIENTS

Pour la cuve 1

12 ailes ou 8 pilons de poulet

Pour la marinade

1 c. à soupe d'herbes de Provence

2 c. à soupe de sauce soja

1 c. à soupe de miel liquide

1 gousse d'ail hachée

2 c. à soupe d'huile d'olive

Pour la cuve 2

800 g de pommes de terre spéciales frites (à chair farineuse)

3 c. à soupe d'huile neutre ou de friture

Sel, poivre

CHICKEN WINGS
AUX HERBES ET FRITES

4 PERSONNES

30 MIN | 1 H | 45 MIN | €

Pour la cuve 1

1. Préparez la marinade. Mélangez tous les ingrédients, enduisez-en le poulet, puis laissez reposer 1 h au frais.

Pour la cuve 2

2. Épluchez, rincez et coupez les pommes de terre en frites d'environ 1,5 cm d'épaisseur. Rincez-les sous l'eau froide, puis séchez-les dans un torchon propre. Déposez-les dans un saladier, salez, poivrez et arrosez d'huile. Mélangez bien.

Cuisson

3. Placez le poulet et la marinade sur la grille de la cuve 1 et programmez **20 min de cuisson à 190 °C en mode manuel**. Les wings doivent être bien croustillants. Déposez les frites sur la grille de la cuve 2 et programmez **45 min de cuisson en mode frites**.

4. Appuyez sur SYNC, pour que les deux cuissons se terminent en même temps, puis lancez la cuisson. Retournez les wings à mi-cuisson et mélangez les frites à plusieurs reprises.

5. Servez les wings avec les frites.

INGRÉDIENTS

Pour la cuve 1

400 g de filets de poulet hachés

1 noix de gingembre râpée

2 c. à soupe de sauce soja

2 oignons nouveaux

1 échalote hachée

1 gousse d'ail hachée

1 œuf

4 c. à soupe bombées de chapelure

Huile neutre

Sel, poivre

Pour la cuve 2

450 g de riz cuit

1 poireau émincé finement

2 c. à soupe de graines de sésame

2 c. à soupe d'huile neutre

BOULETTES DE POULET À LA JAPONAISE, RIZ AU POIREAU

4 PERSONNES

20 MIN 25 MIN | €

Pour la cuve 1

1. Dans un bol, mélangez le poulet avec le gingembre, la sauce soja, les oignons nouveaux, l'échalote, l'ail, l'œuf et la chapelure jusqu'à ce que vous obteniez une préparation homogène. Salez légèrement et poivrez.

2. Huilez vos mains et formez des boulettes de taille moyenne.

Pour la cuve 2

3. Mélangez le poireau avec 2 c. à soupe d'huile, salez, poivrez et placez-le dans la cuve 2, sans la grille.

Cuisson

4. Lancez la cuve 2 pour **10 min de cuisson à 180 °C en mode manuel**. Mélangez à mi-cuisson.

5. Placez les boulettes sur la grille dans la cuve 1 et programmez **15 min de cuisson à 180 °C en mode manuel**. Ajoutez le riz cuit et les graines de sésame dans la cuve 2, mélangez bien, puis programmez **5 min de cuisson à 200 °C en mode manuel** pour réchauffer et légèrement griller le riz. Appuyez sur SYNC, pour que les deux cuissons se terminent en même temps, puis lancez la cuisson.

6. Servez les boulettes accompagnées du riz sauté au poireau et au sésame.

GRAND CLASSIQUE

SPÉCIAL KIDS

INGRÉDIENTS

Pour la sauce

1 yaourt grec

10 brins de ciboulette ciselés

1 pincée de piment d'Espelette

Pour la cuve 1

4 filets de poulet ouverts

2 tranches de jambon découennées

10 cl de crème liquide

2 pincées de piment d'Espelette

200 g d'emmental râpé

150 g de farine

2 œufs battus

150 g de chapelure panko (ou classique)

2 c. à soupe d'huile de friture

Pour la cuve 2

800 g de pommes de terre spéciales frites (à chair farineuse)

3 c. à soupe d'huile neutre ou de friture

Sel, poivre

CORDONS-BLEUS
DE POULET ET FRITES

4 PERSONNES

30 MIN | 45 MIN | €

Pour la sauce

1. Dans un bol, mélangez le yaourt avec la ciboulette et le piment, salez et poivrez. Réservez au frais.

Pour la cuve 1

2. À l'aide d'un rouleau à pâtisserie, tapez les filets de poulet afin de les rendre très fins. Placez ½ tranche de jambon sur chaque filet.

3. Dans un grand bol, mélangez la crème liquide, le piment, du poivre et le fromage râpé. Étalez ce mélange sur le jambon et repliez l'ensemble en deux.

4. Versez la farine dans une assiette, les œufs battus dans une autre et la chapelure dans une troisième. Trempez chaque escalope dans la farine, puis dans l'œuf et enfin dans la panure. Réservez.

Pour la cuve 2

5. Épluchez, rincez et coupez les pommes de terre en frites d'environ 1,5 cm d'épaisseur. Passez-les sous l'eau froide, puis séchez-les dans un torchon propre. Déposez-les dans un saladier, salez, poivrez et arrosez d'huile. Mélangez bien.

Cuisson

6. Dans la cuve 1, mettez les cordons-bleus sur la grille. Programmez **20 min de cuisson à 180 °C en mode manuel**. Dans la cuve 2, déposez les frites sur la grille, puis programmez **45 min de cuisson en mode frites**.

7. Appuyez sur SYNC, pour que les deux cuissons se terminent en même temps, puis lancez la cuisson. Retournez les cordons-bleus à mi-cuisson et mélangez les frites à plusieurs reprises.

8. Servez les cordons-bleus accompagnés de frites et de la sauce à la ciboulette.

INGRÉDIENTS

Pour la cuve 1

4 hauts de cuisses de poulet

2 gousses d'ail hachées

1 oignon émincé

2 c. à soupe de harissa
2 c. à soupe d'huile d'olive
Sel, poivre

Pour la cuve 2

4 poivrons rouges

Les zestes et le jus de 1 citron

6 brins de persil hachés
4 c. à soupe d'huile d'olive

POULET À LA HARISSA
ET POIVRONS RÔTIS

4 PERSONNES

20 MIN | 40 MIN | 30 MIN | €

Pour la cuve 2

1. Dans la cuve 2, déposez les poivrons entiers sur la grille et lancez **30 min de cuisson à 200 °C en mode manuel**.

2. Pendant ce temps, mélangez les zestes et le jus du citron avec du sel, du poivre et de l'huile d'olive. Ajoutez le persil.

Pour la cuve 1

3. Mélangez la harissa avec l'huile d'olive, du sel et du poivre, puis badigeonnez-en les hauts de cuisses, mélangez avec l'ail et l'oignon. Faites mariner 30 min au frais. Dans la cuve 1, déposez les hauts de cuisses sur la grille et lancez **25 min de cuisson à 190 °C en mode manuel**.

4. Lorsque les poivrons sont bien cuits, placez-les dans un sac hermétique et patientez 10 min. Pelez-les et récupérez la chair en ôtant les pépins et le pédoncule. Coupez-la chair en lanières et arrosez de la sauce au citron et au persil.

5. Servez les hauts de cuisses accompagnés des poivrons rôtis.

INGRÉDIENTS

Pour la cuve 1

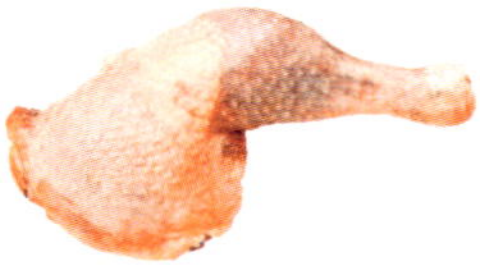

4 cuisses de poulet

4 brins de thym effeuillés

Le jus de 1 citron

4 gousses d'ail non épluchées, écrasées

2 c. à soupe d'huile d'olive

Pour la cuve 2

800 g de pommes de terre grenailles coupées en deux dans la longueur

4 gousses d'ail

Fleur de sel, poivre

CUISSES DE POULET
RÔTIES ET GRENAILLES

4 PERSONNES

15 MIN | 1 H | 45 MIN | €

Pour la cuve 1

1. Dans un bol, mélangez le thym, le jus du citron, l'ail et l'huile d'olive. Badigeonnez-en les cuisses de poulet et laissez mariner 1 h au frais.

Pour la cuve 2

2. Récupérez la marinade du poulet et mélangez-la avec les grenailles et les gousses d'ail en chemise, salez et poivrez.

Cuisson

3. Dans la cuve 1, déposez les cuisses sur la grille et programmez **25 min de cuisson à 200 °C en mode manuel**. Dans la cuve 2, placez les pommes de terre et l'ail sur la grille, et programmez **45 min de cuisson à 180 °C en mode manuel**. Appuyez sur SYNC, pour que les deux cuissons se terminent en même temps, puis lancez la cuisson.

4. Servez les cuisses de poulet avec les grenailles.

INGRÉDIENTS

Pour la cuve 1

4 hauts de cuisses de poulet désossés

2 c. à soupe bombées de pâte tandoori

1 oignon rouge émincé

8 brins de coriandre hachés

1 c. à soupe d'huile neutre

Pour la cuve 2

1 brocoli en fleurettes

2 gousses d'ail pressées

3 c. à soupe d'huile de coco fondue (ou neutre)

1 c. à soupe de noix de coco râpée

1 c. à café de coriandre en poudre

Sel, poivre

POULET TANDOORI
ET BROCOLIS À LA COCO

4 PERSONNES

15 MIN | 20 MIN | €

Pour la cuve 1

1. Mélangez les hauts de cuisses de poulet avec la pâte tandoori, l'huile et l'oignon.

Pour la cuve 2

2. Dans un bol, mélangez les brocolis avec l'ail, l'huile de coco, la noix de coco, la coriandre en poudre, du sel et du poivre.

Cuisson

3. Placez le poulet dans la cuve 1, sur la grille, et programmez **20 min à 200 °C en mode manuel**. Disposez les brocolis dans la cuve 2 sur la grille et programmez **15 min à 180 °C en mode manuel**. Appuyez sur SYNC, pour que les deux cuissons se terminent en même temps, puis lancez la cuisson.

4. Servez les hauts de cuisses accompagnés des brocolis, parsemez de coriandre.

MANUAL
SYNC
GRILL

INGRÉDIENTS

Pour la cuve 1

8 pilons de poulet

2 c. à soupe de zaatar

1 c. à soupe de paprika

2 gousses d'ail pressées
3 c. à soupe d'huile d'olive
Sel, poivre

Pour la cuve 2

800 g de pommes de terre à chair fondante, en cubes

1 poivron vert en dés

1 oignon émincé
4 c. à soupe d'huile d'olive

POULET AU ZAATAR
ET POMMES DE TERRE AU POIVRON

4 PERSONNES

20 MIN | 30 MIN | 45 MIN | €

Pour la cuve 1

1. Mélangez les pilons de poulet avec le zaatar, le paprika, l'ail, l'huile d'olive, du sel et du poivre. Massez les pilons et laissez mariner 30 min au frais.

Pour la cuve 2

2. Dans un bol, mélangez les pommes de terre, le poivron, l'oignon, l'huile d'olive, du sel et du poivre.

Cuisson

3. Dans la cuve 1, déposez les pilons sur la grille et programmez **25 min de cuisson à 200 °C en mode manuel**. Dans la cuve 2, placez le mélange pommes de terre-poivron sur la grille et programmez **45 min de cuisson à 200 °C en mode manuel**.

4. Appuyez sur SYNC, pour que les deux cuissons se terminent en même temps, puis lancez la cuisson. Mélangez les pommes de terre plusieurs fois pendant la cuisson.

5. Servez les pilons de poulet accompagnés des pommes de terre rôties au poivron.

BROCHETTES DE DINDE
À L'INDIENNE ET CHOU-FLEUR RÔTI

INGRÉDIENTS

Pour la cuve 1

4 filets de dinde

2 c. à soupe de pâte de curry

8 brins de coriandre hachés
2 c. à soupe d'huile neutre
Sel, poivre

Pour la cuve 2

1 chou-fleur en fleurettes

1 c. à café de curcuma

1 c. à café de noix de coco râpée

½ grenade égrainée
2 c. à soupe d'huile de coco fondue

4 PERSONNES

20 MIN | 20 MIN | €

Pour la cuve 1

1. Coupez les filets de dinde en morceaux réguliers pour réaliser des brochettes. Mélangez la pâte de curry avec l'huile, salez et poivrez, puis enrobez les morceaux de dinde avec cette préparation. Piquez-les sur des brochettes et réservez.

Pour la cuve 2

2. Déposez le chou-fleur dans un saladier et ajoutez l'huile de coco et le curcuma, salez et poivrez. Mélangez bien.

Cuisson

3. Dans la cuve 1, déposez les brochettes sur la grille et programmez **12 min de cuisson à 200 °C en mode manuel**. Dans la cuve 2, disposez les fleurettes de chou-fleur sur la grille et programmez **20 min de cuisson à 200 °C en mode manuel**.

4. Appuyez sur SYNC, pour que les deux cuissons se terminent en même temps, puis lancez la cuisson. Retournez les brochettes à mi-cuisson et mélangez le chou-fleur.

5. Une fois la cuisson terminée, parsemez le chou-fleur de noix de coco râpée et de grains de grenade. Servez les brochettes parsemées de coriandre et accompagnées de chou-fleur rôti.

INGRÉDIENTS

Pour la cuve 1

4 escalopes de dinde

8 pétales de tomates séchées

1 boule de mozzarella en tranches
2 brins de basilic effeuillés
50 g de farine
2 œufs battus

50 g de chapelure
Paprika
Huile d'olive

Pour la cuve 2

600 g de pommes de terre à chair fondante

1 botte d'asperges vertes
2 c. à soupe d'huile d'olive
Sel, poivre

CORDONS-BLEUS DE DINDE À L'ITALIENNE ET LÉGUMES RÔTIS

4 PERSONNES

25 MIN | 55 MIN | €€

Pour la cuve 1

1. Déposez les escalopes sur des morceaux de film alimentaire et aplatissez-les en tapant à l'aide d'un rouleau à pâtisserie. Salez et poivrez, puis déposez 2 pétales de tomates séchées, 1 rondelle de mozzarella et 1 feuille de basilic sur chacune. Roulez-les en boudin dans le film, serrez bien et nouez les deux extrémités. Pochez les ballotines 10 min dans une casserole d'eau bouillante, puis égouttez et laisser refroidir.

2. Déballez les ballotines, puis panez-les en les passant successivement dans la farine, les œufs salés, puis la chapelure assaisonnée de paprika. Faites un deuxième passage dans l'œuf et la chapelure.

Pour la cuve 2

3. Épluchez les pommes de terre et coupez-les en gros cubes. Mélangez-les avec l'huile d'olive, salez et poivrez. Nettoyez les asperges, recoupez les pieds s'ils sont fibreux, épluchez le bas des asperges, puis coupez-les en tronçons de 5 cm environ.

Cuisson

4. Dans la cuve 1, déposez les cordons-bleus sur la grille, arrosez d'un filet d'huile et programmez **15 min de cuisson à 190 °C en mode manuel**. Dans la cuve 2, placez les pommes de terre sur la grille et programmez **45 min de cuisson à 180 °C en mode manuel**. Appuyez sur SYNC, pour que les deux cuissons se terminent en même temps, puis lancez la cuisson.

5. Retournez les cordons-bleus à mi-cuisson et mélangez plusieurs fois les pommes de terre. Ajoutez les asperges 10 min avant la fin de la cuisson, mélangez et terminez la cuisson.

6. Servez les cordons-bleus avec les pommes de terre et les asperges.

INGRÉDIENTS

Pour la cuve 1

700 g de sauté de dinde

2 c. à soupe de miel

2 c. à soupe de moutarde à l'ancienne

2 échalotes émincées

2 c. à soupe d'huile d'olive

Sel, poivre

Pour la cuve 2

6 carottes en cubes

300 g de pommes de terre à chair fondante en cubes

1 filet d'huile d'olive

DINDE AU MIEL ET MOUTARDE, LÉGUMES RÔTIS

4 PERSONNES

15 MIN | 30 MIN | €

Pour la cuve 1

1. Dans un bol, mélangez le miel, la moutarde, l'huile d'olive, du sel et du poivre. Ajoutez-y la dinde et les échalotes, et mélangez-bien.

Pour la cuve 2

2. Mélangez les carottes et les pommes de terre avec l'huile d'olive, du sel et du poivre.

Cuisson

3. Dans la cuve 1, déposez le sauté de dinde sur la grille et programmez **25 min de cuisson en mode gâteau**. Dans la cuve 2, disposez les légumes sur la grille et programmez **30 min de cuisson en mode frites**.

4. Appuyez sur SYNC, pour que les deux cuissons se terminent en même temps, puis lancez la cuisson. Mélangez les légumes à mi-cuisson.

5. Une fois la cuisson terminée, servez le sauté de dinde accompagné de carottes et de pommes de terre rôties.

INGRÉDIENTS

Pour la cuve 1

12 aiguillettes de canard

4 brins de persil hachés

2 c. à soupe d'huile d'olive
Sel, poivre

Pour la cuve 2

800 g de pommes de terre à chair fondante, en cubes

100 g d'olives marinées à l'huile, dénoyautées
4 c. à soupe d'huile d'olive

AIGUILLETTES DE CANARD
ET POMMES DE TERRE AUX OLIVES

4 PERSONNES

15 MIN | 50 MIN | €€

Pour la cuve 1

1. Badigeonnez les aiguillettes d'huile d'olive, parsemez de persil, salez et poivrez.

Pour la cuve 2

2. Mélangez les pommes de terre avec l'huile d'olive, du sel et du poivre.

Cuisson

3. Dans la cuve 1, déposez les aiguillettes de canard sur la grille et programmez **12 min de cuisson à 200 °C en mode manuel**. Dans la cuve 2, disposez les pommes de terre sur la grille et programmez **50 min de cuisson à 180 °C en mode manuel**.

4. Appuyez sur SYNC, pour que les deux cuissons se terminent en même temps, puis lancez la cuisson. Mélangez les pommes de terre à mi-cuisson, puis, lorsqu'elles sont cuites, ajoutez les olives et mélangez.

5. Servez les aiguillettes de canard accompagnées des pommes de terre aux olives.

GRAND CLASSIQUE

POUR RECEVOIR

CUISSES DE CANARD
CONFITES ET PATATES DOUCES RÔTIES

4 PERSONNES

15 MIN 25 MIN | €€

INGRÉDIENTS

Pour la cuve 1

4 cuisses de canard confites

2 gousses d'ail pressées

4 brins de persil hachés

Pour la cuve 2

800 g de patates douces en cubes

2 c. à soupe d'huile d'olive

Sel, poivre

Pour la cuve 1

1. Retirez l'excédent de graisse des cuisses de canard (surtout si vous utilisez des cuisses de canard en conserve). Massez les cuisses de canard avec l'ail.

Pour la cuve 2

2. Mélangez les patates douces avec l'huile d'olive, du sel et du poivre.

Cuisson

3. Dans la cuve 1, disposez les cuisses de canard sur la grille, côté peau vers le haut. Programmez **15 min à 200 °C en mode manuel** pour obtenir une peau croustillante. Dans la cuve 2, placez les patates douces sur la grille et programmez **25 min à 200 °C en mode manuel**.

4. Appuyez sur SYNC, pour que les deux cuissons se terminent en même temps, puis lancez la cuisson. Mélangez les patates douces à mi-cuisson pour une dorure uniforme.

5. Une fois les cuisses dorées, parsemez-les de persil ciselé. Servez-les accompagnées des patates douces rôties.

LE SABOT
FRANCE

INGRÉDIENTS

Pour la cuve 1

12 aiguillettes de canard

1 filet d'huile d'olive

1 c. à café rase de mélange de poivres moulus

Sel

Pour la cuve 2

2 courgettes en rondelles

400 g de pommes de terre en cubes

4 brins d'estragon finement ciselés

4 brins de persil finement ciselés

1 filet d'huile d'olive

AIGUILLETTES DE CANARD, COURGETTES ET POMMES DE TERRE AUX HERBES

4 PERSONNES

20 MIN **30 MIN** | **€€**

Pour la cuve 1

1. Badigeonnez les aiguillettes d'huile d'olive, puis frottez-les avec le mélange de poivres et un peu de sel.

Pour la cuve 2

2. Mélangez les courgettes et pommes de terre avec l'huile d'olive, du sel, du poivre et les herbes.

Cuisson

3. Dans la cuve 1, déposez les aiguillettes sur la grille et programmez **10 min de cuisson à 200 °C en mode manuel**. Dans la cuve 2, disposez les courgettes et les pommes de terre sur la grille, puis programmez **30 min de cuisson à 190 °C en mode manuel**.

4. Appuyez sur SYNC, pour que les deux cuissons se terminent en même temps, puis lancez la cuisson. Mélangez les légumes à mi-cuisson.

5. Une fois la cuisson terminée, servez les aiguillettes accompagnées des courgettes et des pommes de terre aux herbes.

RECETTE WAOUH

POUR RECEVOIR

INGRÉDIENTS

Pour la cuve 1

2 magrets de canard

1 orange

1 pamplemousse

3 dattes dénoyautées en petits dés

6 c. à soupe d'huile d'olive

Sel, poivre

Pour la cuve 2

1 potimarron en tranches

1 c. à soupe de thym

2 c. à soupe d'huile d'olive

MAGRETS DE CANARD, SALSA AGRUMES ET POTIMARRON

4 PERSONNES

10 MIN | 25 MIN | 10 MIN | €€

Pour la cuve 1

1. Entaillez le gras du canard en dessinant un quadrillage. Badigeonnez le côté chair des magrets de canard de 2 c. d'huile d'olive, salez et poivrez.

2. Préparez la salsa : pelez l'orange et le pamplemousse à vif et prélevez les suprêmes, coupez-les en petits morceaux. Mélangez avec le reste d'huile d'olive et les dattes, salez et poivrez.

Pour la cuve 2

3. Badigeonnez le potimarron d'huile d'olive, salez et poivrez et ajoutez le thym.

Cuisson

4. Dans la cuve 1, déposez les magrets sur la grille, côté gras vers le haut, et programmez **12 min de cuisson à 180 °C en mode manuel**. Dans la cuve 2, placez le potimarron sur la grille et programmez **25 min de cuisson en mode gâteau**. Appuyez sur SYNC, pour que les deux cuissons se terminent en même temps, puis lancez la cuisson.

5. Laissez reposer les magrets de canard 10 min dans du papier aluminium, puis coupez-les en tranches fines avant de les servir avec le potimarron et la salsa aux agrumes.

INGRÉDIENTS

Pour la cuve 1

4 suprêmes de pintade

1 c. à café de thym

Huile neutre

Sel, poivre

Pour la cuve 2

1 potimarron en cubes de 4 cm

8 pruneaux dénoyautés

4 tranches fines de poitrine fumée

2 oignons rouges coupés en huit

3 c. à soupe d'huile d'olive

PINTADE AU POTIMARRON, PRUNEAUX ET LARD

4 PERSONNES

20 MIN | 25 MIN | €

Pour la cuve 1

1. Badigeonnez les suprêmes d'huile et assaisonnez-les de sel, de poivre et de thym.

Pour la cuve 2

2. Enroulez chaque pruneau dans ½ tranche de lard, maintenez le tout avec une pique en bois. Mélangez le potimarron et les oignons avec l'huile d'olive, du sel et du poivre, puis ajoutez les pruneaux au lard.

Cuisson

3. Dans la cuve 1, placez les suprêmes de pintade sur la grille et programmez **25 min de cuisson à 200 °C en mode manuel**. Dans la cuve 2, disposez le mélange de légumes aux pruneaux sur la grille et programmez **25 min de cuisson en mode gâteau**. Appuyez sur SYNC, pour que les deux cuissons se terminent en même temps, puis lancez la cuisson.

4. Servez les suprêmes de pintade accompagnés du potimarron rôti aux pruneaux et au lard.

Astuce

Le suprême de pintade comprend le filet et une partie de l'aileron.

VIANDES

INGRÉDIENTS

Pour la cuve 1

900 g de pommes de terre en fines rondelles (2 ou 3 mm d'épaisseur)

20 cl de crème liquide

20 cl de lait

1 gousse d'ail hachée

1 noix de beurre

Noix de muscade râpée

Sel, poivre

Pour la cuve 2

800 g de rôti de bœuf (environ 20 cm de long)

2 gousses d'ail

3 brins de romarin

RÔTI DE BŒUF
ET GRATIN DAUPHINOIS

4 PERSONNES

20 MIN | 40 MIN | €€

Pour la cuve 1

1. Dans un bol, mélangez la crème, le lait, l'ail, de la noix de muscade, du sel et du poivre.

2. Beurrez un plat à gratin d'environ 20 x 20 cm. Disposez les rondelles de pommes de terre en couches successives dans le plat, salez et poivrez régulièrement. Versez le mélange crémeux sur les pommes de terre.

Pour la cuve 2

3. Badigeonnez le rôti d'huile, puis assaisonnez-le avec du sel et du poivre, et insérez des morceaux d'ail et de romarin dans des incisions réalisées avec un couteau.

Cuisson

4. Dans la cuve 1, placez le plat de pommes de terre et programmez **30 min de cuisson en mode frites**. Dans la cuve 2, déposez le rôti sur la grille et programmez **18 min de cuisson à 180 °C en mode manuel**. Appuyez sur SYNC, pour que les deux cuissons se terminent en même temps, puis lancez la cuisson.

5. Lorsque la cuisson du rôti est terminée, laissez-le reposer dans une feuille d'aluminium et poursuivez la cuisson du gratin **10 min à 160 °C en mode manuel**. Lorsqu'il est cuit, sortez-le du tiroir avec soin, coupez la viande en tranches et servez-la avec le gratin dauphinois.

200C
140C
Moulinex

FRIANDS AU BŒUF ET FRITES

4 PERSONNES

35 MIN | 50 MIN | €

INGRÉDIENTS

Pour la cuve 1

1 pâte feuilletée rectangulaire

300 g de bœuf haché

1 oignon émincé

2 gousses d'ail émincées

1 tranche de pain de mie sans la croûte

½ verre de lait

2 œufs

1 c. à café de cumin en poudre

4 brins de persil hachés

4 brins de coriandre hachés

2 c. à soupe d'huile d'olive

Sel, poivre

Pour la cuve 2

800 g de pommes de terre spéciales frites (à chair farineuse)

3 c. à soupe d'huile neutre ou de friture

Pour la cuve 1

1. Faites revenir l'oignon et l'ail dans une poêle avec 1 c. à soupe d'huile d'olive 5 min à feu moyen. Réservez.

2. Dans un bol, mettez le pain à tremper dans le lait, puis pressez-le entre les mains pour l'égoutter et réservez.

3. Dans un saladier, mélangez le bœuf avec le cumin, le persil, la coriandre, l'oignon et l'ail cuits, 1 c. à soupe d'huile d'olive, du sel et du poivre. Ajoutez 1 œuf battu et le pain de mie en morceaux. Mélangez bien le tout afin d'obtenir une farce homogène.

4. Déroulez la pâte feuilletée et coupez-la en quatre rectangles. Badigeonnez les bords avec l'autre œuf battu, déposez 1 grosse cuillerée de farce sur la moitié de chaque rectangle et repliez l'autre moitié dessus. Appuyez bien sur les bords pour les souder. Badigeonnez les friands du reste d'œuf battu. Réalisez des croisillons sur la pâte à l'aide d'une fourchette.

Pour la cuve 2

5. Épluchez, rincez et coupez les pommes de terre en frites d'environ 1,5 cm d'épaisseur. Passez-les sous l'eau froide, puis séchez-les dans un torchon propre. Déposez-les dans un saladier, salez, poivrez et arrosez d'huile. Mélangez bien.

Cuisson

6. Dans la cuve 1, mettez les friands sur la grille et programmez **25 min de cuisson à 180 °C en mode manuel**. Dans la cuve 2, déposez les frites sur la grille et programmez **45 min de cuisson en mode frites**.

7. Appuyez sur SYNC, pour que les deux cuissons se terminent en même temps, puis lancez la cuisson. Retournez les friands à mi-cuisson et mélangez les frites à plusieurs reprises.

8. Servez les friands accompagnés des frites.

BŒUF À LA VIETNAMIENNE, POIVRONS ET CAROTTES

4 PERSONNES

20 MIN | 1 H | 45 MIN | €€

INGRÉDIENTS

Pour la cuve 2

800 g de rôti de bœuf (environ 20 cm de long)

1 bâton de citronnelle écrasé légèrement

4 c. à soupe de sauce nuoc-mâm

Le jus de 1 citron vert

4 gousses d'ail hachées finement

2 échalotes en quartiers

1 noix de gingembre hachée finement

1 c. à café de cannelle en poudre

1 étoile de badiane

2 c. à soupe de sucre muscovado

1 c. à soupe d'huile neutre

Sel, poivre

Pour la cuve 1

2 poivrons jaunes en dés

8 carottes en rondelles

8 brins de coriandre ciselés

1 filet d'huile neutre

Pour la cuve 2

1. Mélangez le nuoc-mâm, le jus de citron vert, l'ail, l'échalote, le gingembre, la cannelle, le sucre muscovado et l''huile dans un bol. Badigeonnez le rôti de bœuf avec cette préparation, salez et poivrez et ajoutez la badiane et la citronnelle et laissez-le mariner pendant 1 h.

Pour la cuve 1

2. Mélangez les poivrons et les carottes avec l'huile neutre, du sel et du poivre. Ajoutez la citronnelle et les échalotes de la marinade du rôti.

Cuisson

3. Dans la cuve 2, déposez le rôti de bœuf sur la grille et programmez **18 min de cuisson à 200 °C en mode manuel**.

4. Dans la cuve 1, disposez les légumes sur la grille et programmez **45 min de cuisson en mode poulet rôti**.

5. Appuyez sur SYNC, pour que les deux cuissons se terminent en même temps, puis lancez la cuisson. À mi-cuisson du rôti, badigeonnez-le avec la marinade restante.

6. Une fois la cuisson terminée, tranchez le rôti de bœuf et servez-le accompagné des poivrons et des carottes. Parsemez de coriandre.

TOUR DU MONDE

GRAND CLASSIQUE

INGRÉDIENTS

Pour la cuve 1

1 pâte feuilletée rectangulaire

800 g de rôti de bœuf sans barde (18-20 cm de long)

4 c. à soupe de moutarde

4 tranches fines de jambon cru

Sel, poivre

Pour la cuve 2

1 potimarron en tranches

Huile d'olive

WELLINGTON DE BŒUF
ET POTIMARRON RÔTI

4 PERSONNES

20 MIN **25 MIN** | **€€**

Pour la cuve 1

1. Salez et poivrez le rôti de bœuf. Découpez un carré de papier sulfurisé à la taille de la grille de la cuve 1, il va vous servir de gabarit pour former votre feuilleté.

2. Déroulez la pâte feuilletée. Badigeonnez le rôti de moutarde, puis roulez-le dans les tranches de jambon cru. Posez-le sur un côté de la pâte feuilletée, repliez la pâte autour du rôti et scellez les bords. Assurez-vous que la taille du feuilleté soit adaptée à la cuve. Décorez la pâte en dessinant des motifs à l'aide de la pointe d'un couteau.

3. Placez le wellington sur la feuille de papier sulfurisé à la taille de la grille.

Pour la cuve 2

4. Badigeonnez les tranches de potimarron d'huile d'olive, salez et poivrez.

Cuisson

5. Dans la cuve 1, placez le wellington sur la grille et lancez **23 min de cuisson à 180 °C en mode manuel**. Dans la cuve 2, disposez les tranches de potimarron sur la grille et lancez **25 min de cuisson à 190 °C en mode manuel**.

6. Appuyez sur SYNC, pour que les deux cuissons se terminent en même temps, puis lancez la cuisson. Mélangez les légumes à mi-cuisson et retournez le feuilleté après 18 min de cuisson.

7. Une fois la cuisson terminée, tranchez le wellington avec un couteau bien aiguisé et servez-le accompagné du potimarron rôti.

TOUR DU MONDE

POUR RECEVOIR

INGRÉDIENTS

Pour la cuve 1

800 g de rôti de bœuf (environ 20 cm de long)

2 c. à café d'ail en poudre

2 c. à café d'oignon en poudre

2 c. à café de paprika fumé

2 c. à soupe d'herbes de Provence

2 c. à soupe de moutarde

2 c. à soupe d'huile d'olive

Sel, poivre

Pour la cuve 2

700 g de pommes de terre à chair fondante en cubes

2 poivrons verts en dés

1 filet d'huile d'olive

RÔTI DE BŒUF
FAÇON BRISKET, POMMES DE TERRE AUX POIVRONS

4 PERSONNES

20 MIN | 1 H | 2 H 15 | €€

Pour la cuve 1

1. Mélangez l'ail en poudre, l'oignon en poudre, le paprika fumé et les herbes de Provence. Mélangez la moutarde avec l'huile d'olive, du sel et du poivre. Badigeonnez généreusement le rôti avec la moutarde et le mélange d'épices. Laissez mariner 1 h, puis emballez le rôti dans une feuille d'aluminium.

Pour la cuve 2

2. Mélangez les pommes de terre et les poivrons avec l'huile d'olive, du sel et du poivre.

Cuisson

3. Dans la cuve 1, déposez le rôti de bœuf sur la grille et programmez **2 h de cuisson à 130 °C en mode manuel**.

4. Lorsque ces 2 h sont terminées, ôtez l'aluminium (sans vous brûler !) et remettez la viande sur la grille. Programmez **15 min de cuisson à 200 °C en mode manuel**. Dans la cuve 2, disposez les pommes de terre et les poivrons sur la grille et programmez **30 min de cuisson à 200 °C en mode manuel**.

5. Appuyez sur SYNC, pour que les deux cuissons se terminent en même temps, puis lancez la cuisson. Mélangez les pommes de terre et les poivrons à mi-cuisson.

6. Une fois la cuisson terminée, tranchez le rôti et servez-le accompagné des pommes de terre et poivrons rôtis.

INGRÉDIENTS

Pour la cuve 1

400 g de bœuf à griller en lamelles

1 oignon émincé

1 c. à soupe de sauce soja salée

2 c. à soupe d'huile neutre

Sel, poivre

Pour la cuve 2

1 chou-fleur en petites fleurettes

2 gousses d'ail pressées

2 c. à soupe de graines de sésame

4 c. à soupe de sauce soja sucrée

2 c. à soupe d'huile de sésame

BŒUF À L'OIGNON
ET CHOU-FLEUR AU SÉSAME

4 PERSONNES

20 MIN 20 MIN | €

Pour la cuve 1

1. Dans un bol, mélangez le bœuf avec la sauce soja, l'huile, du sel et du poivre. Laissez mariner 5 min, puis ajoutez l'oignon, mélangez.

Pour la cuve 2

2. Mélangez les fleurettes du chou-fleur avec l'ail, le sésame, la sauce soja sucrée et l'huile de sésame. Salez. Placez-les dans la cuve 2 sur la grille.

Cuisson

3. Dans la cuve 1, placez le bœuf et l'oignon émincé sur la grille et programmez **12 min de cuisson à 180 °C en mode manuel**. Dans la cuve 2, programmez **20 min à 200 °C en mode manuel**.

4. Appuyez sur SYNC, pour que les deux cuissons se terminent en même temps, puis lancez la cuisson. Retournez le chou-fleur à mi-cuisson pour qu'il dore uniformément.

5. Servez les lamelles de bœuf à l'oignon accompagnées du chou-fleur croustillant.

BŒUF TERIYAKI
AUX NOIX DE CAJOU ET ASPERGES RÔTIES

INGRÉDIENTS

Pour la cuve 1

1 botte d'asperges vertes épluchées

1 oignon coupé en huit

2 c. à soupe d'huile d'olive

Sel

Pour la cuve 2

400 g de filet de bœuf en fines tranches

25 cl de sauce teriyaki

70 g de noix de cajou concassées

2 oignons nouveaux hachés

4 PERSONNES

10 MIN | 1 H | 10 MIN | €€

Pour la cuve 1

1. Badigeonnez les asperges et l'oignon d'huile d'olive et salez légèrement.

Pour la cuve 2

2. Déposez les tranches de bœuf dans un plat, arrosez généreusement de sauce teriyaki et laissez mariner au moins 1 h au frais, puis piquez les tranches de viande sur des piques en bois, arrosez de la sauce.

Cuisson

3. Dans la cuve 1, déposez les asperges et l'oignon sur la grille. Dans la cuve 2, placez les brochettes sur la grille. Pour les deux cuves, programmez **10 min de cuisson à 200 °C en mode manuel**, puis lancez la cuisson.

4. Servez les brochettes avec les asperges aux oignons, parsemez de noix de cajou et d'oignons nouveaux.

INGRÉDIENTS

Pour la cuve 1

400 g d'agneau haché

1 petit oignon haché finement

1 c. à café de cumin en poudre
1 c. à café de coriandre en poudre
½ c. à café de curcuma en poudre
6 brins de persil ciselés
6 brins de coriandre ciselés
1 c. à soupe d'huile d'olive
Sel, poivre

Pour la cuve 2

2 aubergines

4 brins de menthe ciselés

200 g de yaourt velouté
3 c. à soupe d'huile d'olive

KEFTAS D'AGNEAU ET AUBERGINES SAUCE AU YAOURT

4 PERSONNES

20 MIN | 30 MIN | 30 MIN | €

Pour la cuve 1

1. Mélangez la viande d'agneau hachée avec l'oignon, le cumin, la coriandre, le curcuma, le persil, la coriandre, l'huile d'olive, du sel et du poivre. Formez des boulettes allongées (keftas).

Pour la cuve 2

2. Coupez les aubergines en lamelles épaisses en laissant ces dernières attachées au pédoncule. Salez-les et laissez-les reposer 30 min. Essuyez-les et mélangez-les avec l'huile d'olive, salez et poivrez.

Cuisson

3. Dans la cuve 1, déposez les keftas sur la grille et programmez **10 min à 200 °C en mode manuel**. Dans la cuve 2, déposez les aubergines sur la grille et programmez **30 min de cuisson à 200 °C en mode manuel**.

4. Appuyez sur SYNC, pour que les deux cuissons se terminent en même temps, puis lancez la cuisson. Mélangez les aubergines à mi-cuisson.

5. Mélangez le yaourt avec la menthe, salez et poivrez. Servez les keftas d'agneau accompagnées des aubergines rôties et de yaourt à la menthe.

KEBAB D'AGNEAU
ET FRITES

4 PERSONNES

30 MIN | 1 H | 45 MIN | €

INGRÉDIENTS

4 pains pita

½ concombre en fines rondelles

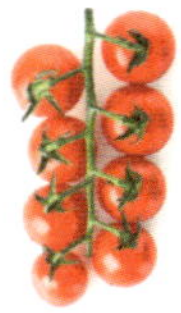

16 tomates cerises coupées en deux

1 petit piment rouge émincé

1 petite poignée de pousses d'épinards

Sauce samouraï

Pour la cuve 1

400 g d'agneau dans le gigot

1 c. à café rase de cumin

1 c. à café de ras el-hanout

½ c. à café rase de piment de Cayenne

2 gousses d'ail

½ oignon en lamelles

2 c. à soupe d'huile d'olive

Sel, poivre

Pour la cuve 2

800 g de pommes de terre spéciales frites (à chair farineuse)

3 c. à soupe d'huile neutre ou de friture

Pour la cuve 1

1. Préparez la marinade en mélangeant le cumin, le ras el-hanout, le piment, l'huile d'olive, du sel, du poivre. Enduisez-en la viande et laissez reposer 1 h au frais.

Pour la cuve 2

2. Épluchez, rincez et coupez les pommes de terre en frites d'environ 1,5 cm d'épaisseur. Passez-les sous l'eau froide, puis séchez-les dans un torchon propre. Déposez-les dans un saladier, salez, poivrez et arrosez d'huile. Mélangez bien.

Cuisson

3. Dans la cuve 1, mettez la viande avec l'ail et l'oignon sur la grille. Programmez **30 min de cuisson à 180 °C en mode manuel**. Dans la cuve 2, déposez les frites sur la grille et programmez **45 min de cuisson en mode frites**.

4. Appuyez sur SYNC, pour que les deux cuissons se terminent en même temps, puis lancez la cuisson. Retournez l'agneau à mi-cuisson et mélangez les frites à plusieurs reprises.

5. Lorsque la viande est cuite, coupez-la en fines lamelles. Mélangez-les avec le jus de cuisson et l'oignon et l'ail cuits.

6. Fendez les pains pita sans aller jusqu'au bout et garnissez-les de concombre, tomates cerises, piment, épinards, viande et sauce samouraï. Dégustez avec les frites.

BOULETTES DE VIANDE
ET TOMATES CONFITES

INGRÉDIENTS

Pour la cuve 1

300 g de veau haché

300 g de chair à saucisse

Les zestes de ½ citron
1 c. à café de thym séché

1 échalote finement hachée
1 gousse d'ail finement hachée

1 œuf
Sel, poivre

Pour la cuve 2

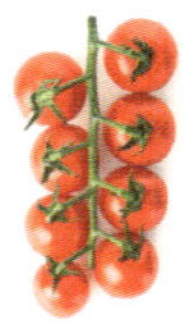

800 g de tomates cerises en grappe
1 filet d'huile d'olive

4 PERSONNES

15 MIN | 40 MIN | €

Pour la cuve 1

1. Dans un grand bol, mélangez le veau, la chair à saucisse, les zestes de citron, le thym, l'échalote et l'ail. Ajoutez l'œuf, salez et poivrez, puis mélangez bien jusqu'à l'obtention d'une préparation homogène.
2. Formez des boulettes de la taille d'une grosse noix.

Pour la cuve 2

3. Arrosez les tomates cerises d'huile d'olive, salez et poivrez.

Cuisson

4. Dans la cuve 1, placez les boulettes sur la grille en les serrant bien et programmez **15 min de cuisson à 180 °C en mode manuel**.
5. Dans la cuve 2, disposez les tomates cerises sur la grille et programmez **40 min de cuisson à 160 °C en mode manuel**, jusqu'à ce que les tomates soient confites.
6. Appuyez sur SYNC, pour que les deux cuissons se terminent en même temps, puis lancez la cuisson. Retournez les boulettes à mi-cuisson pour qu'elles soient dorées uniformément.
7. Servez les boulettes avec les tomates cerises confites.

INGRÉDIENTS

Pour la cuve 1

400 g de veau haché

3 c. à soupe d'olives dénoyautées hachées

2 c. à soupe de parmesan râpé

1 c. à café de thym séché

1 échalote hachée

1 gousse d'ail hachée

1 œuf

200 g de sauce tomate cuisinée au basilic

250 g de mozzarella en tranches

Sel, poivre

Pour la cuve 2

2 aubergines en gros dés

1 oignon en cubes

4 c. à soupe d'huile d'olive

BOULETTES DE VEAU, AUBERGINES ET OIGNONS

4 PERSONNES

30 MIN | 30 MIN | 55 MIN | €

Pour la cuve 2

1. Salez les aubergines et laissez-les dégorger 30 min.

2. Dans un bol, mélangez les aubergines et l'oignon avec l'huile d'olive. Salez et poivrez. Disposez les légumes sur la grille de la cuve 2 et lancez **50 min de cuisson à 180 °C en mode manuel**.

Pour la cuve 1

3. Dans un grand bol, mélangez le veau haché, les olives, le parmesan, le thym, l'échalote, l'ail et l'œuf. Salez et poivrez. Formez des boulettes de la taille d'une balle de golf. Versez un tiers de la sauce tomate dans le fond d'un plat à gratin d'environ 20 x 20 cm, puis déposez les boulettes et versez le reste de la sauce tomate par-dessus. Déposez la mozzarella sur du papier absorbant.

4. Environ 20 min avant la fin de la cuisson des aubergines, lancez la cuisson des boulettes : déposez le plat dans la cuve 1, puis lancez **15 min de cuisson à 180 °C en mode manuel**.

5. Ajoutez la mozzarella sur le gratin et poursuivez la cuisson **5 min à 200 °C en mode manuel**.

6. Servez les boulettes gratinées avec les légumes rôtis.

INGRÉDIENTS

Pour la cuve 1

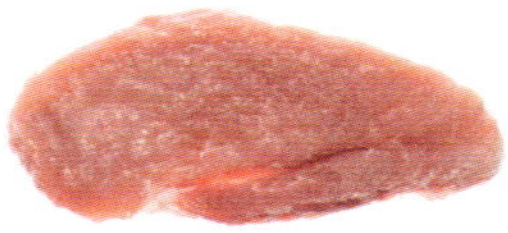

4 petites escalopes de veau
75 g de farine

1 pincée de piment d'Espelette
1 c. à soupe de thym séché

1 citron non traité
2 œufs
50 g de chapelure panko (ou classique)
1 c. à soupe de persil ciselé
50 g de parmesan râpé
3 c. à soupe d'huile d'olive
Sel, poivre

Pour la cuve 2

2 bottes d'asperges vertes

40 g de copeaux de parmesan

Quelques feuilles de basilic ciselées
2 c. à soupe d'huile d'olive

ESCALOPES MILANAISES
ET ASPERGES GRILLÉES

4 PERSONNES

20 MIN | 20 MIN | €€

Pour la cuve 1

1. Préparez les escalopes. Dans une assiette creuse, mettez la farine avec le piment d'Espelette, 1 pincée de sel, le thym et le zeste de ½ citron. Dans une deuxième assiette creuse, battez les œufs en omelette, salez et poivrez. Dans la dernière, mélangez la chapelure, le persil et le parmesan.

2. Trempez les escalopes de veau dans la farine, puis secouez un peu pour ôter l'excédent et trempez dans les œufs, puis dans le mélangez chapelure-parmesan.

Pour la cuve 2

3. Nettoyez les asperges, épluchez-les et coupez la partie dure de la tige. Badigeonnez-les d'huile à l'aide d'un pinceau, salez et poivrez.

Cuisson

4. Dans la cuve 1, déposez les escalopes sur la grille, arrosez-les d'huile d'olive et programmez **15 min de cuisson à 180 °C en mode manuel**. Dans la cuve 2, placez les asperges sur la grille et programmez **20 min de cuisson à 190 °C en mode manuel**.

5. Appuyez sur SYNC, pour que les deux cuissons se terminent en même temps, puis lancez la cuisson. Retournez les escalopes à mi-cuisson et mélangez les asperges.

6. Dégustez les escalopes arrosées de jus de citron, accompagnées d'asperges parsemées de copeaux de parmesan et de basilic.

OPINEL
INOX

CHOUX FARCIS
AU PORC ET CAROTTES RÔTIES

INGRÉDIENTS

Pour la cuve 1

8 feuilles de chou vert tendre, sans les côtes

4 tranches de lard fumé

300 g de chair à saucisse

1 oignon haché
2 gousses d'ail hachées
4 brins de persil hachés

100 g de châtaignes émiettées
Huile d'olive
Sel, poivre

Pour la cuve 2

1 botte de carottes émincées en biseaux
2 échalotes émincées
1 filet d'huile d'olive

4 PERSONNES

25 MIN | 25 MIN | €

Pour la cuve 1

1. Mélangez l'oignon, l'ail et le persil avec la chair à saucisse, les châtaignes, du sel et du poivre. Superposez les feuilles de chou par deux et garnissez-les avec des portions de farce (de la taille d'une balle de tennis). Repliez et formez des petits paquets, enroulez-les de lard fumé, ficelez-les. Badigeonnez-les légèrement d'huile d'olive.

Pour la cuve 2

2. Mélangez les carottes avec les échalotes, l'huile d'olive, du sel et du poivre.

Cuisson

3. Dans la cuve 1, disposez les choux farcis sur la grille et programmez **25 min de cuisson en mode gâteau**. Dans la cuve 2, placez les carottes sur la grille et programmez **25 min de cuisson à 190 °C en mode manuel**.

4. Appuyez sur SYNC, pour que les deux cuissons se terminent en même temps, puis lancez la cuisson. Mélangez les carottes à mi-cuisson.

5. Lorsque la cuisson est terminée, dressez les choux farcis et les carottes rôties dans des assiettes. Servez aussitôt.

Astuce

Pour des feuilles de chou plus tendres, avant de commencer la recette, blanchissez-les 3 min dans une casserole d'eau bouillante salée, puis égouttez-les et séchez-les bien.

GRAND CLASSIQUE

SAUCISSES DE TOULOUSE
ET TRUFFADE

INGRÉDIENTS

Pour la cuve 1

800 g de pommes de terre en dés

200 g de tome fraîche en petits dés

2 gousses d'ail hachées

8 brins de persil hachés

3 c. à soupe d'huile neutre

Sel, poivre

Pour la cuve 2

4 saucisses de Toulouse

1 oignon émincé

2 c. à soupe d'huile neutre

4 PERSONNES

20 MIN | 32 MIN | €

Pour la cuve 1

1. Mélangez les pommes de terre avec l'huile, salez et poivrez.

Pour la cuve 2

2. Mélangez l'oignon avec les saucisses, ajoutez l'huile, salez et poivrez.

Cuisson

3. Dans la cuve 1, placez les pommes de terre sur la grille et lancez **25 min de cuisson à 200 °C en mode manuel**. Mélangez les pommes de terre à mi-cuisson. Lorsqu'elles sont déjà bien dorées, déposez-les dans un contenant, retirez la grille sans vous brûler, et remettez-les dans la cuve. Ajoutez le fromage, l'ail et le persil, mélangez et poursuivez la cuisson **7 min à 200 °C en mode manuel**.

4. Dans la cuve 2, déposez les saucisses sur la grille et programmez **30 min de cuisson en mode frites**. Retournez les saucisses à mi-cuisson.

5. Servez les saucisses avec la truffade.

Astuce

À la place de la tome fraîche, vous pouvez utiliser du laguiole jeune ou du cantal jeune.

PORC CONFIT,
PATATES DOUCES ET OIGNONS

4 PERSONNES

20 MIN | 2 H 25 | €

INGRÉDIENTS

Pour la cuve 1

800 g d'échine de porc

3 c. à soupe de mélange d'épices mexicain

Les zestes et le jus de 2 citrons verts

4 gousses d'ail hachées

1 oignon émincé

Sel, poivre

Pour la cuve 2

2 patates douces en morceaux

2 oignons rouges en morceaux

8 brins de coriandre hachés

2 c. à soupe d'huile d'olive

Pour la cuve 1

1. Mélangez les épices avec les zestes et le jus des citrons verts, l'ail et l'oignon, salez et poivrez. Déposez le porc sur une grande feuille d'aluminium et badigeonnez-le de cette marinade. Refermez l'aluminium hermétiquement, puis déposez la viande dans la cuve 1 sur la grille. Lancez **2 h de cuisson à 150 °C en mode manuel**.

Pour la cuve 2

2. Mélangez les patates douces avec les oignons rouges, l'huile d'olive, du sel et du poivre.

3. Lorsque la viande est cuite, sortez-la de la cuve et ôtez l'aluminium, déposez-la de nouveau sur la grille de la cuve 1 et programmez **15 min de cuisson à 200 °C en mode manuel**.

4. Dans la cuve 2, disposez les patates douces et les oignons rouges sur la grille, et programmez **25 min de cuisson à 190 °C en mode manuel**. Appuyez sur SYNC, pour que les deux cuissons se terminent en même temps, puis lancez la cuisson.

5. Servez l'échine de porc confite accompagnée des patates douces et oignons rouges rôtis. Parsemez de coriandre.

INGRÉDIENTS

Pour la cuve 1

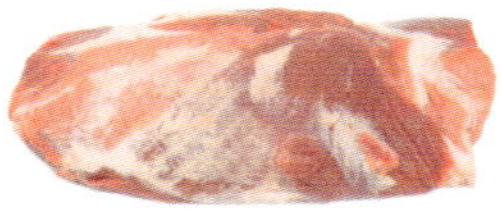

600 g de palette de porc
250 g de sauce barbecue
1 petit oignon en lamelles
1,5 c. à soupe de paprika fumé
1 c. à café bombée de poivre noir en grains
2 brins de romarin
2 brins de thym
1 clou de girofle
15 cl de bouillon de volaille

Pour la cuve 2

600 g de patates douces
2 c. à soupe d'huile neutre
Sel, poivre

Pour les sandwichs

2 baguettes tradition aux graines

2 avocats
Le jus de 1 citron vert
8 tranches de cheddar
1 petite poignée de roquette
4 brins de coriandre ciselés

SANDWICHS AU PULLED PORK ET FRITES DE PATATES DOUCES

4 PERSONNES

25 MIN | 2 H 30 | €

Pour la cuve 1

1. Déposez les lamelles d'oignon dans la cuve. Mélangez le paprika avec la sauce barbecue. Versez un peu de sauce barbecue au fond de la cuve, ajoutez le poivre, les herbes, le clou de girofle et le bouillon. Au pinceau, enduisez généreusement la viande avec le reste de la sauce barbecue, puis déposez-la dans la cuve.

2. Lancez la cuisson de la cuve 1 pour **2 h 30 à 150 °C en mode manuel**. Retournez la viande deux ou trois fois pendant la cuisson.

3. Lorsque la viande est cuite, effilochez-la à la fourchette. Filtrez le jus de cuisson et mélangez la viande avec la sauce. Réservez.

Pour la cuve 2

4. Épluchez, rincez et coupez les patates douces en frites de 1 cm de côté, mélangez-les avec l'huile, salez et poivrez.

5. Placez dans la cuve environ 40 min avant la fin de la cuisson de la viande et programmez **40 min de cuisson à 190 °C en mode manuel**. Mélangez les frites plusieurs fois pendant la cuisson.

Assemblage

6. Lorsque la viande est cuite : épluchez les avocats, écrasez-les à la fourchette, salez et poivrez, arrosez du jus de citron vert.

7. Coupez chaque baguette en deux. Incisez les tronçons sans aller jusqu'au bout pour les garnir. Tartinez-les d'avocat, ajoutez la viande, 2 tranches de cheddar, de la roquette et de la coriandre ciselée. Servez les sandwichs avec les frites de patates douces.

INGRÉDIENTS

Pour la cuve 1

1 kg de travers de porc

3 c. à soupe d'épices cajun

4 c. à soupe de sauce sriracha (ou autre sauce piquante, à défaut, du ketchup mélangé à du piment en poudre)

2 c. à soupe de sirop d'érable

2 c. à soupe d'huile neutre

Sel, poivre

Pour la cuve 2

1 petit chou vert en quartiers

1 poignée de cacahuètes concassées

2 c. à soupe de sauce soja

2 c. à soupe d'huile de sésame

Huile neutre

RIBS DE COCHON SPICY,
CHOU VERT RÔTI

4 PERSONNES

25 MIN | 30 MIN | €

Pour la cuve 1

1. Préparez les travers : ôtez l'excédent de gras et la membrane qui recouvre un côté des travers. Saupoudrez les travers avec les épices, salez et poivrez. Placez les travers dans une feuille d'aluminium, refermez bien. Mélangez la sauce sriracha avec le sirop d'érable et l'huile.

2. Dans la cuve 1, placez les travers emballés et lancez **20 min de cuisson à 200 °C en mode manuel**. Détaillez les travers en morceaux, puis badigeonnez-les généreusement de sauce sriracha de façon à ce qu'ils soient bien enrobés. Replacez-les dans la cuve 1 sur la grille, sans aluminium et programmez **10 min de cuisson à 200 °C en mode manuel**.

Pour la cuve 2

3. Badigeonnez le chou d'huile neutre, salez et poivrez. Placez-le dans la cuve 2 et programmez **20 min de cuisson à 180 °C en mode manuel**.

4. Appuyez sur SYNC pour que les deux cuissons se terminent en même temps, puis lancez la cuisson.

5. Mélangez la sauce soja avec l'huile de sésame. Une fois la cuisson terminée, arrosez les quartiers de chou du mélange à la sauce soja et parsemez de cacahuètes.

6. Servez les travers bien chauds, accompagnés du chou rôti.

POUR RECEVOIR

GRAND CLASSIQUE

INGRÉDIENTS

Pour la cuve 1

1 filet mignon de porc

10 tranches de coppa

1 boule de mozzarella en tranches

10 feuilles de sauge

2 oignons en rondelles

10 cl de vin blanc sec

Pour la cuve 2

800 g de pommes de terre à chair fondante

2 c. à soupe d'huile d'olive

Sel, poivre

PORC FAÇON ORLOFF À LA COPPA

4 PERSONNES

25 MIN | 45 MIN | €€

Pour la cuve 1

1. Coupez le filet mignon en deux dans la longueur pour l'adapter à la taille de la cuve 1. Incisez-le sur toute sa longueur sans aller jusqu'au bout de façon à ce que toutes les tranches restent attachées à leur base. Dans chaque incision, intercalez 1 tranche de mozzarella, 1 tranche de coppa et 1 feuille de sauge.

Pour la cuve 2

2. Épluchez les pommes de terre et coupez-les en gros cubes. Salez, poivrez et mélangez avec l'huile d'olive.

Cuisson

3. Dans la cuve 1, répartissez les oignons sur la grille, déposez le filet mignon dessus, arrosez de vin blanc et assaisonnez. Programmez **15 min de cuisson à 180 °C en mode manuel**. Dans la cuve 2, mettez les pommes de terre sur la grille et programmez **45 min de cuisson à 190 °C en mode manuel**. Appuyez sur SYNC, pour que les deux cuissons se terminent en même temps, puis lancez la cuisson.

4. Servez le filet mignon coupé en tranches avec les pommes de terre.

INGRÉDIENTS

Pour la cuve 2

800 g de rôti de porc (environ 20 cm de long)

1 oignon émincé

1 c. à soupe bombée d'épices à colombo (ou curry)

3 c. à soupe d'huile d'olive

Sel, poivre

Pour la cuve 1

6 carottes en bâtonnets

2 panais en bâtonnets

1 filet d'huile d'olive

PORC AUX ÉPICES, FRITES DE CAROTTES ET DE PANAIS

4 PERSONNES

20 MIN · 1 H · 45 MIN

Pour la cuve 2

1. Mélangez l'oignon avec 1 c. à soupe d'huile d'olive, salez et poivrez. Mélangez les épices à colombo avec l'huile d'olive, salez et poivrez, badigeonnez le rôti de porc avec ce mélange et laissez mariner au moins 1 h avec l'oignon.

Pour la cuve 1

2. Mélangez les carottes et les panais avec l'huile d'olive, du sel et du poivre.

Cuisson

3. Dans la cuve 2, déposez le rôti et l'oignon sur la grille et programmez **45 min de cuisson à 160 °C en mode manuel**. Dans la cuve 1, disposez les frites de légumes sur la grille et programmez **35 min de cuisson à 180 °C en mode manuel**.

4. Appuyez sur SYNC, pour que les deux cuissons se terminent en même temps, puis lancez la cuisson. Retournez le rôti de porc à mi-cuisson et mélangez les frites.

5. Une fois la cuisson terminée, tranchez le rôti de porc et servez-le accompagné des frites de carottes et de panais.

200C
140C
XC 75

INGRÉDIENTS

Pour la cuve 1

1 filet mignon de porc

3 gousses d'ail pelées

Le zeste de 2 oranges

1 brin de romarin frais

1 c. à soupe d'huile d'olive

Sel, poivre

Pour la cuve 2

1 courge butternut en dés

1 oignon rouge en morceaux

100 g d'olives noires dénoyautées

Huile d'olive

FILET MIGNON
À L'AIL ET ORANGE

4 PERSONNES

25 MIN | 2 À 12 H | 30 MIN | €

Pour la cuve 1

1. Dans un petit hachoir, déposez le zeste des oranges, l'ail et le romarin. Mixez pour former une pâte, puis ajoutez l'huile d'olive, du sel et du poivre.

2. Coupez le filet mignon en deux dans la longueur et déposez-le dans un grand plat. Nappez de la préparation aux oranges et laissez mariner au frais au moins 2 h (et jusqu'à 1 nuit).

Pour la cuve 2

3. Mélangez la courge et l'oignon, salez, poivrez et ajoutez 2 c. à soupe d'huile d'olive.

Cuisson

4. Dans la cuve 1, déposez le filet mignon sur la grille et programmez **12 min de cuisson à 180 °C en mode manuel**. Dans la cuve 2, placez les légumes sur la grille en programmant **30 min de cuisson à 180 °C en mode manuel**.

5. Appuyez sur SYNC, pour que les deux cuissons se terminent en même temps, puis lancez la cuisson. Retournez la viande à mi-cuisson, mélangez la cuve de légumes deux ou trois fois.

6. Mélangez les légumes aux olives juste avant de les servir avec le filet mignon tranché.

INGRÉDIENTS

Pour la cuve 1

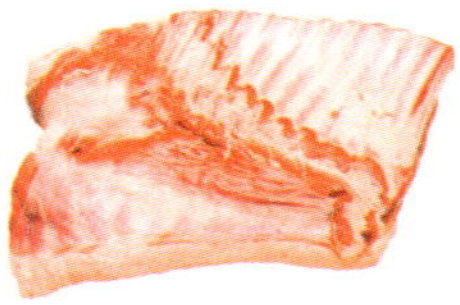

800 g de poitrine de porc dégraissée

6 c. à soupe bombées de sauce barbecue

2 gousses d'ail pressées

Pour la cuve 2

800 g de patates douces en bâtonnets d'environ 1 cm d'épaisseur

1 c. à café de paprika

3 c. à soupe d'huile d'olive

Sel, poivre

PORC SAUCE BARBECUE
ET FRITES DE PATATES DOUCES

4 PERSONNES

20 MIN | 2 H | 1 H 05 | €

Pour la cuve 1

1. Taillez la couenne de la poitrine avec un couteau bien aiguisé en traçant des entailles parallèles espacées d'environ 1 ou 2 cm. Mélangez l'ail avec la sauce barbecue et badigeonnez la poitrine sur tous les côtés. Laissez reposer 2 h au frais.

Pour la cuve 2

2. Mélangez les patates douces avec le paprika, l'huile d'olive, du sel et du poivre.

Cuisson

3. Dans la cuve 1, déposez la viande sur la grille et lancez **30 min de cuisson à 100 °C en mode manuel**.

4. Reprogrammez ensuite la cuve 1 pour **20 min de cuisson à 200 °C en mode manuel**. Dans la cuve 2, placez les patates douces sur la grille et programmez **35 min de cuisson à 180 °C en mode manuel**.

5. Appuyez sur SYNC, pour que les deux cuissons se terminent en même temps, puis lancez la cuisson. Mélangez les patates douces plusieurs fois pour une cuisson uniforme.

6. Servez la poitrine avec les frites de patates douces.

RIBS DE PORC LAQUÉS
ET POTATOES

4 PERSONNES

20 MIN | 3 H | 50 MIN | €

INGRÉDIENTS

Pour la cuve 1

1 kg de travers de porc

Le jus de 1 citron

½ c. à café de gingembre en poudre

80 g de miel

5 cl de sauce soja

½ c. à café de mélange quatre-épices

10 g de fécule de maïs

1 gousse d'ail hachée

2 c. à soupe d'huile d'olive

Pour la cuve 2

800 g de pommes de terre spéciales frites (à chair farineuse)

1 c. à café de paprika fumé

2 c. à soupe d'huile de friture

Sel, poivre

Pour la cuve 1

1. Mélangez le jus du citron, le gingembre, le miel, la sauce soja, le quatre-épices, la fécule, l'ail et l'huile d'olive. Badigeonnez le travers de porc de cette marinade dans un plat et laissez reposer au frais 3 h au moins.

Pour la cuve 2

2. Coupez les pommes de terre en grosses frites sans ôter la peau. Lavez-les, séchez-les dans un torchon propre et assaisonnez-les avec le paprika fumé, du sel, du poivre et l'huile. Mélangez-bien.

Cuisson

3. Dans la cuve 1, déposez le travers sur la grille et programmez **50 min de cuisson à 160 °C en mode manuel**. Dans la cuve 2, mettez les potatoes sur la grille et programmez **45 min de cuisson en mode frites**.

4. Appuyez sur SYNC, pour que les deux cuissons se terminent en même temps, puis lancez la cuisson. Retournez les travers de porc à mi-cuisson. Mélangez régulièrement les potatoes.

5. Servez le travers tranché avec les potatoes.

INGRÉDIENTS

Pour la cuve 1

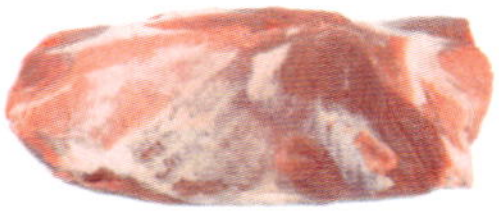

600 g d'échine de porc sans os, en morceaux

2 c. à soupe de sauce nuoc-mâm

4 c. à soupe de miel

2 c. à soupe de sauce soja

2 gousses d'ail hachées finement

1 c. à café de fécule de maïs

Pour la cuve 2

1 brocoli en fleurettes

2 gousses d'ail hachées finement

2 c. à soupe de graines de sésame

3 c. à soupe d'huile neutre

Sel, poivre

PORC CARAMÉLISÉ, BROCOLIS À L'AIL ET AU SÉSAME

4 PERSONNES

20 MIN | 2 H | 20 MIN | €

Pour la cuve 1

1. Dans un bol, mélangez le nuoc-mâm, le miel, la sauce soja, l'ail, la fécule de maïs et du poivre. Assaisonnez les morceaux de porc avec cette marinade et laissez reposer 2 h.

Pour la cuve 2

2. Dans un bol, mélangez les brocolis avec l'ail, les graines de sésame, l'huile, du sel et du poivre.

Cuisson

3. Dans la cuve 1, placez le porc sur la grille, réservez la marinade et programmez **10 min de cuisson à 200 °C en mode manuel**. Dans la cuve 2, déposez les brocolis sur la grille et programmez **20 min de cuisson à 180 °C en mode manuel**.

4. Appuyez sur SYNC, pour que les deux cuissons se terminent en même temps, puis lancez la cuisson. À mi-cuisson, mélangez la viande et badigeonnez-la de marinade à l'aide d'un pinceau, et remuez les brocolis.

5. Servez le porc accompagné des brocolis à l'ail et au sésame.

POISSONS
& FRUITS DE MER

TOUR DU MONDE

SPÉCIAL KIDS

FISH CAKES
ET COURGE RÔTIE

4 PERSONNES

20 MIN | 30 MIN | €

INGRÉDIENTS

Pour la cuve 1

400 g de cabillaud (ou autre poisson blanc)

1 oignon nouveau finement haché

1 gousse d'ail hachée

Le zeste et le jus de 1 citron

1 c. à soupe de câpres hachées

6 brins d'aneth ciselés

10 brins de ciboulette ciselés

1 œuf battu

100 g de chapelure

Sel, poivre

Pour la cuve 2

1 petite courge butternut en morceaux

Piment d'Espelette

Huile d'olive

Sel, poivre

Pour la cuve 1

1. Coupez la moitié du poisson en petits cubes et mixez l'autre moitié. Mélangez les deux textures de poisson avec l'oignon nouveau, l'ail, le zeste du citron râpé, les câpres, l'aneth et la ciboulette (réservez quelques herbes pour le service). Salez et poivrez.

2. Formez des boules de préparation, écrasez-les légèrement et passez-les dans l'œuf battu, puis dans la chapelure.

Pour la cuve 2

3. Badigeonnez la courge d'huile, salez, poivrez et parsemez de piment d'Espelette.

Cuisson

4. Dans la cuve 1, déposez les croquettes de poisson sur la grille et programmez **10 min de cuisson à 180 °C en mode manuel**. Dans la cuve 2, placez la courge sur la grille et programmez **30 min de cuisson en mode frites**.

5. Appuyez sur SYNC, pour que les deux cuissons se terminent en même temps, puis lancez la cuisson. Mélangez les légumes à mi-cuisson.

6. Servez les croquettes de poisson avec la courge, arrosez de jus de citron et parsemez des herbes réservées.

INGRÉDIENTS

Pour la cuve 1

500 g de pommes de terre à chair farineuse, finement râpées

2 oignons nouveaux finement émincés

30 g de beurre fondu

Sel, poivre

Pour la cuve 2

4 pavés de cabillaud

Les zestes et le jus de 1 citron

4 c. à soupe de crème fraîche

10 brins de ciboulette ciselés

10 brins de cerfeuil ciselés

10 brins d'estragon ciselés

2 c. à soupe d'huile d'olive

CABILLAUD AU CITRON, RÖSTI ET CRÈME AUX HERBES

4 PERSONNES

25 MIN 35 MIN | €

Pour la cuve 1

1. Mélangez les pommes de terre râpées avec les oignons, le beurre fondu, du sel et du poivre. Beurrez un plat à gratin adapté à la cuve 1 (environ 20 x 20 cm) et garnissez-le avec les pommes de terre en tassant bien.

Pour la cuve 2

2. Assaisonnez les pavés de cabillaud avec du sel, du poivre et l'huile d'olive. Mélangez la crème fraîche avec les herbes (ciboulette, cerfeuil, estragon), du sel, du poivre et un peu de jus de citron.

Cuisson

3. Dans la cuve 1, placez le plat sur la grille et programmez **35 min de cuisson à 160 °C en mode manuel**. Dans la cuve 2, déposez les pavés de cabillaud sur la grille et programmez **12 min de cuisson en mode poisson**.

4. Appuyez sur SYNC, pour que les deux cuissons se terminent en même temps, puis lancez la cuisson. Retournez le rösti à mi-cuisson.

5. Servez les pavés de cabillaud avec le rösti de pommes de terre coupé en quatre, accompagnés de crème fraîche aux herbes et d'un peu de zestes de citron.

FISH AND CHIPS
À LA BIÈRE

INGRÉDIENTS

Pour la cuve 1

4 filets de poisson blanc sans arêtes de 150 g chacun

16 cl de bière blonde

120 g de farine

2 c. à soupe de fécule de maïs

1 grosse pincée de levure chimique

1 c. à café de paprika doux

2 c. à soupe d'huile de friture

Pour la cuve 2

800 g de pommes de terre spéciales frites (à chair farineuse)

3 c. à soupe d'huile de friture

Sel, poivre

4 PERSONNES

30 MIN | 45 MIN | €

Pour la cuve 1

1. Farinez les filets de poisson. Retirez l'excédent, salez et poivrez.

2. Dans un saladier, mélangez le reste de la farine, la fécule, la levure et le paprika. Creusez un puits au centre, versez-y petit à petit la bière et mélangez-la à la farine à la fourchette. La pâte doit être assez liquide, comme une pâte à crêpes, ajoutez l'huile et mélangez.

Pour la cuve 2

3. Épluchez, rincez et coupez les pommes de terre en frites d'environ 1,5 cm d'épaisseur. Passez-les sous l'eau froide, puis séchez-les dans un torchon propre. Déposez-les dans un saladier, salez, poivrez et arrosez d'huile. Mélangez bien.

Cuisson

4. Plongez les poissons dans le saladier de pâte, puis placez-les dans la cuve 1, sur la grille. Programmez **15 min de cuisson à 180 °C en mode manuel**. Dans la cuve 2, déposez les frites sur la grille et programmez **45 min de cuisson en mode frites**.

5. Appuyez sur SYNC, pour que les deux cuissons se terminent en même temps, puis lancez la cuisson. Retournez le poisson au bout de 10 min de cuisson et mélangez les frites à plusieurs reprises.

Astuce

Dégustez le fish and chips avec de la sauce tartare.

INGRÉDIENTS

2 poignées de roquette

Pour la cuve 1

4 œufs extra-frais

2 tranches de saumon fumé en petits morceaux

4 c. à soupe de crème fraîche

Les zestes de 1 citron

10 brins de ciboulette hachés

Sel, poivre

Pour la cuve 2

2 bottes d'asperges vertes en tronçons

1 filet d'huile d'olive

ŒUFS COCOTTE AU SAUMON FUMÉ
ET ASPERGES RÔTIES

4 PERSONNES

15 MIN | 15 MIN | €€

Pour la cuve 1

1. Répartissez le saumon fumé dans le fond de quatre ramequins. Ajoutez 1 c. à soupe de crème fraîche dans chaque ramequin, puis cassez 1 œuf par-dessus. Assaisonnez de sel, de poivre et de zestes de citron.

Pour la cuve 2

2. Assaisonnez les asperges avec du sel, du poivre et l'huile d'olive.

Cuisson

3. Dans la cuve 1, déposez les ramequins sur la grille et programmez **10 min de cuisson à 180 °C en mode manuel**. Dans la cuve 2, disposez les asperges sur la grille et programmez **15 min de cuisson à 190 °C en mode manuel**. Appuyez sur SYNC, pour que les deux cuissons se terminent en même temps, puis lancez la cuisson.

4. Servez les œufs cocotte parsemés de ciboulette avec les asperges rôties et un peu de roquette.

Astuce

Vous pouvez remplacer le saumon par de la truite fumée.

BÂTONNETS DE POISSON PANÉ ET FRITES

INGRÉDIENTS

Le jus de 1 citron vert

Sauce tartare

Pour la cuve 1

4 pavés de cabillaud

30 g de farine

1 œuf battu

150 g de corn flakes
1 c. à soupe d'huile de friture
Sel, poivre

Pour la cuve 2

800 g de pommes de terre spéciales frites (à chair farineuse)
3 c. à soupe d'huile de friture

4 PERSONNES

30 MIN | 45 MIN | €

Pour la cuve 1

1. Coupez le poisson en lanières épaisses (1 cm environ), puis salez-les et poivrez-les.

2. Mettez la farine dans une assiette creuse, l'œuf dans une deuxième et les corn flakes dans une troisième. Trempez chaque lanière de poisson dans la farine, retirez l'excédent, puis dans l'œuf et enfin dans les corn flakes.

Pour la cuve 2

3. Épluchez, rincez et coupez les pommes de terre en frites d'environ 1,5 cm d'épaisseur. Passez-les sous l'eau froide, puis séchez-les dans un torchon propre. Déposez-les dans un saladier, salez, poivrez et arrosez d'huile. Mélangez bien.

Cuisson

4. Dans la cuve 1, déposez les bâtonnets de poisson sur la grille, versez l'huile de friture et programmez **15 min de cuisson à 190 °C en mode manuel**. Dans la cuve 2, placez les frites sur la grille. Programmez **45 min de cuisson en mode frites**.

5. Appuyez sur SYNC, pour que les deux cuissons se terminent en même temps, puis lancez la cuisson. Retournez les bâtonnets après 10 min de cuisson et mélangez les frites à plusieurs reprises.

6. Arrosez les bâtonnets de jus de citron et servez-les avec les frites et de la sauce tartare.

TRUITE À L'ANETH
ET AUX BAIES ROSES, GRENAILLES HASSELBACK

INGRÉDIENTS

Pour la cuve 1

4 pavés de truite

1 c. à café de baies roses légèrement écrasées

6 brins d'aneth hachés

1 filet d'huile d'olive

Sel, poivre

Pour la cuve 2

800 g de pommes de terre grenailles

Crème fraîche

Huile d'olive

4 PERSONNES

20 MIN | 30 MIN | €

Pour la cuve 1

1. Badigeonnez les pavés de truite avec l'huile d'olive, puis parsemez-les de baies roses, de sel et de poivre.

Pour la cuve 2

2. Incisez les pommes de terre grenailles, non épluchées, en tranches fines sans aller jusqu'à la base pour créer un effet éventail. Badigeonnez-les généreusement d'huile d'olive, salez et poivrez.

Cuisson

3. Dans la cuve 1, placez les pavés de truite sur la grille et programmez **10 min de cuisson à 180 °C en mode manuel**. Dans la cuve 2, disposez les grenailles sur la grille et programmez **30 min de cuisson à 200 °C en mode manuel**.

4. Appuyez sur SYNC, pour que les deux cuissons se terminent en même temps, puis lancez la cuisson. Mélangez les grenailles à mi-cuisson.

5. Servez les pavés de truite parsemés d'aneth, accompagnés des grenailles Hasselback et de crème fraîche.

Astuce

Vous pouvez remplacer la truite par des pavés de saumon.

INGRÉDIENTS

Pour la cuve 1

4 pavés de cabillaud

6 c. à soupe de pistaches décortiquées

4 brins de basilic

1 gousse d'ail

4 c. à soupe de parmesan râpé

3 c. à soupe d'huile d'olive

Pour la cuve 2

800 g de tomates cerises coupées en deux

4 c. à soupe de pesto

1 filet d'huile d'olive

Sel, poivre

CABILLAUD EN CROÛTE DE PISTACHES,
TOMATES RÔTIES ET PESTO

4 PERSONNES

20 MIN | 20 MIN | €

Pour la cuve 1

1. Mixez les pistaches avec le basilic, l'ail, le parmesan, l'huile d'olive, du sel et du poivre pour obtenir une pâte épaisse. Recouvrez les pavés de cabillaud avec cette préparation, en pressant légèrement pour bien enrober chaque morceau.

Pour la cuve 2

2. Mélangez les tomates cerises avec le pesto, l'huile d'olive, du sel et du poivre.

Cuisson

3. Dans la cuve 1, déposez les pavés de cabillaud en croûte de pistaches sur la grille et programmez **10 min de cuisson à 200 °C en mode manuel**. Dans la cuve 2, disposez les tomates cerises sur la grille et programmez **20 min de cuisson à 180 °C en mode manuel**. Appuyez sur SYNC, pour que les deux cuissons se terminent en même temps, puis lancez la cuisson. Mélangez les tomates en cours de cuisson.

4. Servez les pavés de cabillaud accompagnés des tomates rôties au pesto.

INGRÉDIENTS

Pour la cuve 1

4 pavés de saumon
2 gousses d'ail pressées

2 brins de thym frais effeuillés
Le zeste et le jus de 1 citron
1 c. à soupe d'huile d'olive
Sel, poivre

Pour la cuve 2

800 g de choux de Bruxelles coupés en deux

1 oignon rouge finement ciselé

1 c. à soupe de vinaigre balsamique

1 c. à soupe de miel
2 gousses d'ail pressées
2 c. à soupe d'huile d'olive

PAVÉS DE SAUMON AUX CHOUX DE BRUXELLES

4 PERSONNES

15 MIN | 15 MIN | €

Pour la cuve 1

1. Dans un petit bol, mélangez l'ail, le thym, le zeste et le jus du citron, l'huile d'olive, du sel et du poivre.

Pour la cuve 2

2. Mélangez les choux de Bruxelles avec l'ail, l'oignon rouge, l'huile d'olive, le vinaigre, le miel, du sel et du poivre.

Cuisson

3. Dans la cuve 1, placez les pavés de saumon sur la grille, côté peau vers le bas, badigeonnez la chair d'huile aux aromates et programmez **8 min de cuisson à 190 °C en mode manuel**. Dans la cuve 2, déposez les choux sur la grille et programmez **15 min de cuisson à 180 °C en mode manuel**.

4. Appuyez sur SYNC, pour que les deux cuissons se terminent en même temps, puis lancez la cuisson. Retournez le saumon à mi-cuisson et mélangez les choux de Bruxelles.

5. Servez le saumon accompagné des choux de Bruxelles.

LIGHT

EXPRESS

INGRÉDIENTS

Pour la cuve 1

4 dos de cabillaud

4 brins de menthe hachés

4 brins de coriandre hachés

4 brins de persil hachés

4 brins d'aneth hachés

50 g d'olives vertes dénoyautées en petits morceaux

1 oignon nouveau finement haché

2 pincées de piment d'Espelette

2 filets d'huile d'olive

Sel, poivre

Pour la cuve 2

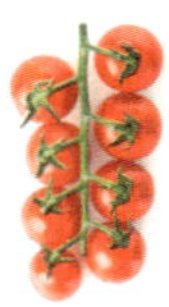

800 g de tomates cerises

1 filet d'huile d'olive

DOS DE CABILLAUD, SAUCE AUX HERBES ET TOMATES CERISES

4 PERSONNES

15 MIN | 15 MIN | €

Pour la cuve 1

1. Mélangez les herbes (menthe, coriandre, persil, aneth) et l'oignon nouveau avec les olives vertes, 1 pincée de piment d'Espelette, du sel, du poivre et un peu d'huile d'olive pour obtenir une sauce aux herbes. Badigeonnez d'huile d'olive, salez, poivrez et parsemez de piment d'Espelette les dos de cabillaud.

Pour la cuve 2

2. Mélangez les tomates cerises avec l'huile d'olive, du sel et du poivre.

Cuisson

3. Dans la cuve 1, déposez les dos de cabillaud sur la grille et programmez **12 min de cuisson en mode poisson**. Dans la cuve 2, étalez les tomates cerises sur la grille et programmez **15 min de cuisson à 190 °C en mode manuel**. Appuyez sur SYNC, pour que les deux cuissons se terminent en même temps, puis lancez la cuisson. Mélangez les tomates en cours de cuisson.

4. Servez les dos de cabillaud avec la sauce aux herbes, accompagnés des tomates cerises.

INGRÉDIENTS

Pour la cuve 1

4 pavés de cabillaud

120 g de trio de quinoa

50 g de noix de pécan

2 c. à soupe de sirop d'érable

1 c. à soupe de moutarde à l'ancienne

1 c. à soupe d'huile de tournesol

Sel, poivre

Pour la cuve 2

1 botte de carottes

Huile d'olive

CABILLAUD EN CROÛTE DE QUINOA ET CAROTTES RÔTIES

4 PERSONNES

30 MIN | 30 MIN | €

Pour la cuve 1

1. Faites cuire le quinoa 10 min à l'eau bouillante salée.

2. Hachez grossièrement les noix de pécan. Mélangez le quinoa cuit et égoutté avec le sirop d'érable, les noix de pécan, la moutarde et l'huile. Salez et poivrez.

3. Déposez chaque pavé de cabillaud sur une bande de papier sulfurisé, puis disposez-les dans la cuve 1, sur la grille. Répartissez la préparation au quinoa par-dessus.

Pour la cuve 2

4. Épluchez les carottes si besoin et coupez les fanes. Badigeonnez-les d'huile d'olive, salez et poivrez.

Cuisson

5. Pour la cuve 1, programmez **8 min de cuisson à 200 °C en mode manuel**. Dans la cuve 2, déposez les carottes sur la grille et programmez **30 min de cuisson à 180 °C en mode manuel**.

6. Appuyez sur SYNC, pour que les deux cuissons se terminent en même temps, puis lancez la cuisson. Mélangez les carottes deux ou trois fois le long de la cuisson.

7. Servez le poisson accompagné de carottes rôties.

WRAPS AU POISSON GRILLÉ,
AVOCAT ET CHIPS

4 PERSONNES

25 MIN | 30 MIN | 30 MIN | €

INGRÉDIENTS

Pour la cuve 1

2 grosses pommes de terre à chair farineuse
1 c. à soupe d'huile de friture
Sel, poivre

Pour la cuve 2

450 g de cabillaud sans peau
Le jus de 1 citron
1 c. à café de piment de Cayenne
2 c. à soupe d'huile d'olive

Pour les wraps

4 tortillas de blé complet

50 g de pousses d'épinards

1 tomate en dés

2 avocats en lamelles
1 petit oignon rouge émincé
200 g de yaourt grec
½ botte d'aneth ciselée

Pour la cuve 1

1. À l'aide d'une mandoline, coupez les pommes de terre en tranches très fines. Déposez-les dans un grand saladier, couvrez d'eau froide et laissez tremper 30 min.

2. Égouttez et épongez bien les pommes de terre à l'aide d'un torchon propre pour enlever toute l'eau. Mélangez-les à l'huile de friture en les enduisant bien.

Pour la cuve 2

3. Pendant ce temps, dans un bol, mélangez le jus du citron, le piment et l'huile d'olive. Enduisez le poisson de ce mélange.

Cuisson

4. Déposez les pommes de terre dans la cuve 1, sur la grille, en formant plusieurs couches. Programmez **30 min de cuisson en mode frites**. Placez le poisson dans la cuve 2, sur la grille, et programmez **16 min de cuisson à 200 °C en mode manuel**.

5. Appuyez sur SYNC, pour que les deux cuissons se terminent en même temps, puis lancez la cuisson. Retournez le poisson à mi-cuisson et mélangez les chips toutes les 10 min.

6. Lorsque le poisson est cuit, coupez-le en dés. Salez et poivrez les chips.

7. Mélangez le yaourt grec avec l'aneth, salez et poivrez.

8. Montez les wraps : étalez une couche de yaourt à l'aneth sur une tortilla, répartissez au centre quelques pousses d'épinards, des dés de tomate et de poisson. Ajoutez quelques lamelles d'avocat et d'oignon rouge. Pliez la tortilla en rabattant les côtés, puis roulez-la de bas en haut. Procédez de même pour obtenir quatre wraps. Servez-les accompagnés de chips.

INGRÉDIENTS

Pour la cuve 1

4 filets de cabillaud de 150 g chacun

4 tranches d'emmental

40 g de farine

1 œuf battu

1 pincée de piment d'Espelette

50 g de chapelure
Sel, poivre

Pour la cuve 2

800 g de patates douces
3 c. à soupe d'huile de friture

CORDONS-BLEUS DE CABILLAUD ET PATATES DOUCES RÔTIES

4 PERSONNES

30 MIN | 30 MIN | €

Pour la cuve 1

1. Rincez les filets de cabillaud, séchez-les, salez et poivrez-les. Recouvrez chacun de 1 tranche d'emmental et repliez-les en deux.

2. Versez la farine dans une assiette creuse, l'œuf battu avec le piment d'Espelette, du sel et du poivre dans une autre et la chapelure dans une troisième. Passez le poisson dans la farine, puis dans l'œuf battu, et enfin dans la chapelure.

Pour la cuve 2

3. Épluchez, rincez et coupez les patates douces en frites d'environ 1,5 cm d'épaisseur. Déposez-les dans un saladier, salez, poivrez et arrosez d'huile. Mélangez bien.

Cuisson

4. Placez les cordons-bleus dans la cuve 1, sur la grille, et programmez **20 min de cuisson à 180 °C en mode manuel**. Placez les frites de patates douces dans la cuve 2, sur la grille, et programmez **30 min de cuisson en mode frites**.

5. Appuyez sur SYNC, pour que les deux cuissons se terminent en même temps, puis lancez la cuisson. Retournez le poisson à mi-cuisson et mélangez les frites deux ou trois fois pendant la cuisson.

6. Servez les cordons-bleus de cabillaud avec les frites de patates douces.

LIGHT | POUR RECEVOIR | EXPRESS

FILETS DE DAURADE À L'ORIGAN
ET LÉGUMES RÔTIS AUX OLIVES

INGRÉDIENTS

Pour la cuve 1

4 filets de daurade

2 c. à soupe d'origan
1 pincée de paprika
1 filet d'huile d'olive
Sel, poivre

Pour la cuve 2

2 poivrons (rouge et vert) en morceaux

1 courgette en morceaux

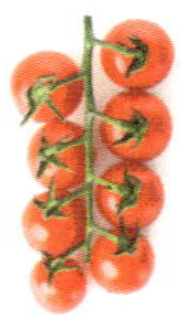

200 g de tomates cerises coupées en deux
4 brins de basilic effeuillés

70 g d'olives vertes dénoyautées
1 filet d'huile d'olive

4 PERSONNES

15 MIN | 20 MIN | €€

Pour la cuve 1

1. Assaisonnez les filets de daurade avec l'origan, le paprika, du sel, du poivre et l'huile d'olive.

Pour la cuve 2

2. Mélangez les légumes avec l'huile d'olive, la moitié des feuilles de basilic, du sel et du poivre.

Cuisson

3. Dans la cuve 1, déposez les filets de daurade sur la grille et programmez **12 min de cuisson en mode poisson**. Dans la cuve 2, déposez les légumes sur la grille et programmez **20 min de cuisson à 190 °C en mode manuel**.

4. Appuyez sur SYNC, pour que les deux cuissons se terminent en même temps, puis lancez la cuisson. Mélangez les légumes à mi-cuisson.

5. Une fois la cuisson terminée, parsemez les légumes du reste de basilic frais ciselé et mélangez-les aux olives. Servez les filets de daurade accompagnés des légumes rôtis.

200C
140C
Moulinex

TOUR DU MONDE

EXPRESS

PAVÉS DE CABILLAUD AU LARD, GNOCCHIS
ET ARTICHAUTS RÔTIS

INGRÉDIENTS

Pour la cuve 1

600 g de gnocchis à poêler

200 g de mini-cœurs d'artichauts (surgelés ou en conserve)

1 pincée de piment d'Espelette

1 filet d'huile d'olive

Sel, poivre

Pour la cuve 2

4 pavés de cabillaud

4 tranches fines de poitrine fumée

4 feuilles de laurier

4 PERSONNES

10 MIN | 15 MIN | €

Pour la cuve 1

1. Égouttez les mini-cœurs d'artichauts s'ils sont en conserve ou décongelez-les si besoin. Mélangez-les avec les gnocchis, l'huile d'olive, du sel, du poivre et le piment d'Espelette.

Pour la cuve 2

2. Poivrez les pavés de cabillaud et placez une feuille de laurier sur chacun. Enroulez chaque pavé avec 1 tranche de poitrine fumée pour maintenir le laurier en place.

Cuisson

3. Dans la cuve 1, disposez les gnocchis et les artichauts sur la grille et programmez **15 min de cuisson à 200 °C en mode manuel**. Dans la cuve 2, déposez les pavés de cabillaud enroulés de poitrine sur la grille et programmez **15 min de cuisson à 200 °C en mode manuel**.

4. Appuyez sur SYNC, pour que les deux cuissons se terminent en même temps, puis lancez la cuisson. Mélangez les gnocchis et artichauts à mi-cuisson.

5. Servez les pavés de cabillaud accompagnés des gnocchis et des artichauts rôtis.

RÔTI DE TRUITE À LA RICOTTA, COURGETTES ET ARTICHAUTS

INGRÉDIENTS

Pour la cuve 1

2 filets de truite (sans arêtes)

120 g de ricotta
Le zeste de 1 citron

10 brins de ciboulette ciselés

10 brins d'estragon ciselés
2 c. à soupe d'huile d'olive
Sel, poivre

Pour la cuve 2

3 courgettes en rondelles

250 g de cœurs d'artichauts (surgelés ou en conserve)
3 c. à soupe d'huile d'olive
Sel, poivre

4 PERSONNES

20 MIN | 25 MIN | €

Pour la cuve 1

1. Dans un bol, mélangez la ricotta avec le zeste râpé du citron, la ciboulette et l'estragon. Salez et poivrez. Étalez un filet de truite sur une feuille de papier sulfurisé, côté chair vers le haut, tartinez-le avec le mélange à la ricotta, puis recouvrez avec le second filet. Maintenez-les ensemble avec de la ficelle de cuisine. Badigeonnez d'huile d'olive.

Pour la cuve 2

2. Égouttez les cœurs d'artichauts ou décongelez-les si nécessaire et coupez-les en deux. Mélangez-les avec l'huile d'olive, du sel et du poivre.

Cuisson

3. Dans la cuve 1, déposez le rôti de truite sur la grille et programmez **20 min de cuisson à 180 °C en mode manuel**. Dans la cuve 2, étalez les courgettes et les artichauts sur la grille et programmez **25 min de cuisson à 200 °C en mode manuel**.

4. Appuyez sur SYNC, pour que les deux cuissons se terminent en même temps, puis lancez la cuisson. Mélangez les légumes à mi-cuisson.

5. Servez le rôti de truite accompagné des courgettes et des artichauts rôtis.

INGRÉDIENTS

Pour la cuve 1

4 pavés de cabillaud

Les zestes et le jus de 2 oranges

1 c. à soupe de sauce soja

50 g de sucre de canne

2 c. à soupe de vinaigre de riz

4 gousses d'ail finement hachées

2 cm de gingembre râpé

1 belle pincée de flocons de piment

2 cébettes hachées

2 c. à soupe d'huile neutre

Sel, poivre

Pour la cuve 2

1 botte de carottes en bâtonnets

4 échalotes émincées

Quelques brins de coriandre hachés

1 filet d'huile d'olive

CABILLAUD LAQUÉ À L'ORANGE, CAROTTES AUX ÉCHALOTES

4 PERSONNES

20 MIN | 25 MIN | €

Pour la cuve 1

1. Mélangez les zestes et le jus des oranges avec la sauce soja, le sucre, le vinaigre de riz, l'ail, le gingembre, les flocons de piment, les cébettes, l'huile, du sel et du poivre. Badigeonnez les pavés de cabillaud avec cette marinade.

Pour la cuve 2

2. Mélangez les carottes et les échalotes avec l'huile d'olive, du sel et du poivre.

Cuisson

3. Dans la cuve 1, déposez les pavés de cabillaud marinés (réservez la marinade) sur la grille et programmez **15 min de cuisson à 180 °C en mode manuel**. Dans la cuve 2, étalez les carottes et les échalotes sur la grille et programmez **25 min de cuisson à 190 °C en mode manuel**.

4. Appuyez sur SYNC, pour que les deux cuissons se terminent en même temps, puis lancez la cuisson. Pendant la cuisson, badigeonnez deux fois le poisson au bout de 5 et de 10 min avec la marinade et mélangez les légumes à mi-cuisson.

5. Servez les pavés de cabillaud accompagnés des carottes aux échalotes. Parsemez de coriandre.

Astuce

Vous pouvez récupérer la sauce au fond de la cuve 1 pour servir avec le poisson.

200C
140C

INGRÉDIENTS

Pour la cuve 1

4 pavés de truite sans peau

150 g de pâte miso

2,5 cl de sauce soja

1 c. à soupe de graines de sésame

Pour la cuve 2

500 g de brocoli en fleurettes

2 c. à café de curry en poudre

2 c. à soupe d'huile d'olive
Sel, poivre

TRUITE MISO
ET BROCOLIS AU CURRY

2 PERSONNES

20 MIN | 1 H | 16 MIN | €

Pour la cuve 1

1. Dans une assiette creuse, mélangez la sauce soja, 1 c. à soupe d'eau et la pâte miso. Plongez-y la truite et laissez-la mariner 1 h au frais.

Pour la cuve 2

2. Mélangez les brocolis dans un saladier avec l'huile d'olive, le curry, du sel et du poivre.

Cuisson

3. Égouttez les pavés de truite en conservant la marinade. Déposez-les dans la cuve 1, sur la grille, et programmez **10 min de cuisson à 180 °C en mode manuel**. Placez les brocolis dans la cuve 2, sur la grille, et programmez **16 min de cuisson à 180 °C en mode manuel**. Appuyez sur SYNC, pour que les deux cuissons se terminent en même temps, puis lancez la cuisson.

4. Parsemez le poisson de graines de sésame, et servez avec les brocolis et le reste de marinade.

INGRÉDIENTS

4 tortillas au blé complet

4 c. à soupe de purée de sésame
Le jus de ½ citron
Quelques brins de persil ciselés
1 c. à soupe de graines de sésame
1 filet d'huile d'olive

Pour la cuve 1

1 petit chou-fleur en fleurettes

2 poivrons (rouge et jaune) en morceaux
6 brins de persil
1 filet d'huile d'olive
Sel, poivre

Pour la cuve 2

600 g de pavés ou dos de merlu sans peau, en cubes
1 gousse d'ail finement hachée
1 c. à café de gingembre en poudre
1 c. à café rase de paprika fumé
1 c. à soupe de zaatar

WRAPS AU MERLU ÉPICÉ, CHOU-FLEUR ET POIVRONS RÔTIS

4 PERSONNES

25 MIN | 20 MIN | €

Pour la cuve 1

1. Mélangez le chou-fleur et les poivrons avec l'huile d'olive, du sel et du poivre.

Pour la cuve 2

2. Mélangez l'ail avec le gingembre, le paprika fumé, le zaatar, du sel, du poivre et l'huile d'olive. Enrobez le merlu avec cette marinade et laissez reposer quelques minutes.

Cuisson

3. Dans la cuve 1, disposez le chou-fleur et les poivrons sur la grille et programmez **20 min de cuisson à 190 °C en mode manuel**. Dans la cuve 2, placez le merlu sur la grille et programmez **12 min de cuisson à 180 °C en mode manuel**.

4. Appuyez sur SYNC, pour que les deux cuissons se terminent en même temps, puis lancez la cuisson. Mélangez les légumes à mi-cuisson.

5. Mélangez la purée de sésame avec le jus de citron, salez et poivrez, ajoutez de l'eau pour obtenir une texture crémeuse.

6. Lorsque la cuisson est terminée, réchauffez légèrement les tortillas, tartinez-les de sauce au sésame et garnissez-les avec le merlu épicé, les légumes rôtis et un peu de persil. Parsemez de sésame, roulez les tortillas et servez aussitôt.

DOS DE COLIN ET CAROTTES
À LA SALSA AMANDES-PERSIL

INGRÉDIENTS

Pour la cuve 1

4 dos de colin

1 citron en tranches

1 c. à soupe de ras el-hanout

10 brins de coriandre

3 c. à soupe d'huile d'olive

Sel, poivre

Pour la cuve 2

1 botte de carottes en rondelles

2 échalotes émincées

1 filet d'huile d'olive

Pour la salsa

1 poignée d'amandes hachées

10 brins de persil ciselé

1 filet d'huile d'olive

4 PERSONNES

20 MIN | 25 MIN | €

Pour la cuve 1

1. Mélangez le ras el-hanout avec l'huile d'olive, du sel et du poivre. Badigeonnez les dos de colin avec ce mélange.

Pour la cuve 2

2. Mélangez les carottes et les échalotes avec l'huile d'olive, du sel et du poivre.

Cuisson

3. Dans la cuve 1, déposez les dos de colin sur la grille sur 1 rondelle de citron et programmez **10 min de cuisson à 180 °C en mode manuel**. Dans la cuve 2, placez les carottes et les échalotes sur la grille, et programmez **25 min de cuisson à 200 °C en mode manuel**.

4. Appuyez sur SYNC pour que les deux cuissons se terminent en même temps, puis lancez la cuisson. Mélangez les carottes à mi-cuisson.

Pour la salsa

5. Mélangez les amandes avec le persil et l'huile d'olive pour réaliser la salsa. Salez et poivrez.

6. Une fois la cuisson terminée, servez les dos de colin accompagnés de carottes rôties, nappées de salsa aux amandes-persil.

CABILLAUD AU CURRY VERT,
AUBERGINES ET CHAMPIGNONS

INGRÉDIENTS

Pour la cuve 1

4 pavés de cabillaud

2 c. à soupe bombées de pâte de curry vert

2 c. à soupe d'huile neutre

Sel, poivre

Pour la cuve 2

2 aubergines en cubes

250 g de champignons en quartiers

1 noix de gingembre hachée

2 cives hachées

2 gousses d'ail hachées

10 brins de coriandre ciselés

3 c. à soupe d'huile neutre

Sel, poivre

4 PERSONNES

20 MIN | 30 MIN | 25 MIN | €

Pour la cuve 1

1. Mélangez la pâte de curry vert avec l'huile. Badigeonnez les pavés de cabillaud avec ce mélange, puis assaisonnez-les avec du sel et du poivre.

Pour la cuve 2

2. Salez les aubergines et laissez-les dégorger 30 min. Mélangez les aubergines et champignons avec le gingembre, les cives, l'ail, du sel, du poivre et l'huile.

Cuisson

3. Dans la cuve 1, déposez les pavés de cabillaud sur la grille et programmez **10 min de cuisson à 200 °C en mode manuel**. Dans la cuve 2, disposez les aubergines et les champignons sur la grille et programmez **25 min de cuisson à 190 °C en mode manuel**.

4. Appuyez sur SYNC, pour que les deux cuissons se terminent en même temps, puis lancez la cuisson. Mélangez les légumes à mi-cuisson.

5. Parsemez les légumes de coriandre et servez-les avec le cabillaud au curry vert.

LIGHT

TOUR DU MONDE

INGRÉDIENTS

Pour la cuve 1

4 pavés de truite
4 c. à soupe de sauce teriyaki

2 gousses d'ail hachées

1 c. à soupe de graines de sésame

Pour la cuve 2

3 courgettes en rondelles

2 oignons nouveaux émincés

1 filet d'huile de sésame
Sel, poivre

TRUITE TERIYAKI ET COURGETTES RÔTIES AUX OIGNONS NOUVEAUX

4 PERSONNES

15 MIN | 25 MIN | €

Pour la cuve 1

1. Mélangez la sauce teriyaki avec l'ail. Badigeonnez le dessus des pavés de truite de marinade.

Pour la cuve 2

2. Mélangez les courgettes et les oignons avec l'huile de sésame, du sel et du poivre.

Cuisson

3. Dans la cuve 1, déposez les pavés de truite sur la grille et **programmez 8 min de cuisson à 200 °C en mode manuel**. Dans la cuve 2, disposez les courgettes et les oignons sur la grille et programmez **25 min de cuisson à 200 °C en mode manuel**.

4. Appuyez sur SYNC, pour que les deux cuissons se terminent en même temps, puis lancez la cuisson.

5. Servez les pavés de truite parsemés de sésame et accompagnés des courgettes rôties.

Astuce

Vous pouvez remplacer la truite par des pavés de saumon.

LIGHT

TOUR DU MONDE

INGRÉDIENTS

Pour la cuve 1

4 pavés de thon épais (ou 1 longe de thon épaisse, environ 600 g au total)

Huile d'olive

Sel, poivre

Pour la cuve 2

2 épis de maïs en tronçons

2 poivrons rouges en quartiers

Huile d'olive

Pour la salsa verde

1 oignon nouveau émincé

1 citron vert

1 pincée de piment

10 brins de coriandre hachés

10 brins de menthe hachés

10 brins d'aneth hachés

¼ de concombre en petits dés

1 filet d'huile d'olive

Sel, poivre

TATAKI DE THON,
SALSA VERDE, MAÏS ET POIVRONS GRILLÉS

4 PERSONNES

20 MIN | 20 MIN | €€

Pour la cuve 1

1. Badigeonnez les pavés de thon avec de l'huile d'olive, puis assaisonnez avec du sel et du poivre.

Pour la cuve 2

2. Mélangez les épis de maïs et les poivrons avec de l'huile d'olive, du sel et du poivre.

Cuisson

3. Dans la cuve 1, déposez les pavés de thon sur la grille et programmez **4 min de cuisson à 200 °C en mode manuel**. Dans la cuve 2, disposez les légumes sur la grille et programmez **20 min de cuisson à 190 °C en mode manuel**.

4. Appuyez sur SYNC, pour que les deux cuissons se terminent en même temps, puis lancez la cuisson. Mélangez les légumes à mi-cuisson.

Pour la salsa verde

5. Mélangez tous les ingrédients dans un bol avec du sel et du poivre.

6. Une fois la cuisson terminée, dressez les tranches de thon sur les assiettes, garnissez-les avec la salsa verde, et servez le maïs et les poivrons grillés à côté.

INGRÉDIENTS

Pour la cuve 2

4 dos de merlu

4 c. à soupe de miel

2 c. à soupe de miso

2 c. à soupe de sauce soja

Pour la cuve 1

800 g de choux de Bruxelles coupés en deux

2 c. à soupe de graines de sésame

3 c. à soupe d'huile neutre

Sel, poivre

MERLU AU MIEL ET MISO, CHOUX DE BRUXELLES AU SÉSAME

4 PERSONNES

15 MIN | 10 MIN | 15 MIN | €

Pour la cuve 2

1. Préparez la marinade en mélangeant le miel, le miso, la sauce soja et du poivre dans un bol. Enrobez le merlu avec cette marinade et laissez mariner 10 min.

Pour la cuve 1

2. Mélangez les choux de Bruxelles avec l'huile, du sel et du poivre.

Cuisson

3. Dans la cuve 1, étalez les choux de Bruxelles sur la grille et programmez **15 min de cuisson à 200 °C en mode manuel**. Dans la cuve 2, disposez le merlu sur la grille (réservez la marinade) et programmez **10 min de cuisson à 180 °C en mode manuel**.

4. Appuyez sur SYNC, pour que les deux cuissons se terminent en même temps, puis lancez la cuisson. Mélangez les choux à mi-cuisson et badigeonnez le merlu avec le reste de marinade (à l'aide d'un pinceau).

5. Une fois la cuisson terminée, parsemez les choux de Bruxelles de graines de sésame. Servez le merlu accompagné des choux de Bruxelles au sésame.

INGRÉDIENTS

Pour la cuve 1

110 g de thon en conserve, nature à l'huile, émietté

300 g de purée de pommes de terre (sous-vide au rayon frais ou surgelée)

100 g de petits pois (frais ou surgelés)

1 échalote finement hachée

10 brins de ciboulette ciselés + pour le dressage

1 œuf battu

Chapelure (classique ou panko, pour une version japonaise)

Sel, poivre

Pour la cuve 2

1 botte d'asperges en tronçons

2 courgettes en rondelles

6 brins d'estragon hachés

1 filet d'huile d'olive

KOROKKE AU THON, ASPERGES ET COURGETTES RÔTIES

4 PERSONNES

25 MIN | 25 MIN | €

Pour la cuve 1

1. Mélangez la purée de pommes de terre avec le thon, les petits pois (préalablement décongelés si nécessaire), l'échalote et la ciboulette. Salez et poivrez, puis façonnez seize boulettes légèrement aplaties. Trempez-les dans l'œuf, puis roulez-les dans la chapelure.

Pour la cuve 2

2. Mélangez les asperges et les courgettes avec l'huile d'olive, du sel et du poivre.

Cuisson

3. Dans la cuve 1, disposez les korokke sur la grille et programmez **15 min de cuisson à 190 °C en mode manuel**. Dans la cuve 2, déposez les courgettes et les asperges sur la grille et programmez **25 min de cuisson à 200 °C en mode manuel**.

4. Appuyez sur SYNC, pour que les deux cuissons se terminent en même temps, puis lancez la cuisson. Retournez les korokke à mi-cuisson.

5. Servez les korokke accompagnés des asperges et courgettes rôties, parsemez de ciboulette.

Bon à savoir

Le korokke est une croquette crousti-moelleuse d'origine japonaise panée puis frite. Elle peut être proposée à la viande, au poisson ou en version végétarienne.

LIGHT

CREVETTES À L'AIL, GINGEMBRE ET PIMENT, TOMATES RÔTIES

INGRÉDIENTS

Pour la cuve 1

20 crevettes crues décortiquées

2 gousses d'ail finement hachées

1 noix de gingembre finement hachée

1 petit piment rouge finement haché

Le jus de 1 citron vert

8 brins de coriandre hachés

1 filet d'huile neutre

Sel, poivre

Pour la cuve 2

600 g de tomates cerises

1 c. à café de curry en poudre

3 c. à soupe d'huile neutre

4 PERSONNES

15 MIN 10 MIN 15 MIN | €€

Pour la cuve 1

1. Mélangez l'ail, le gingembre et le piment rouge avec le jus du citron vert, l'huile neutre, du sel et du poivre. Ajoutez les crevettes et laissez-les mariner 10 min.

Pour la cuve 2

2. Mélangez les tomates cerises avec l'huile neutre, le curry, du sel et du poivre.

Cuisson

3. Dans la cuve 1, déposez les crevettes sur la grille et programmez **8 min de cuisson à 190 °C en mode manuel**. Dans la cuve 2, disposez les tomates cerises sur la grille et programmez **15 min de cuisson à 200 °C en mode manuel**.

4. Appuyez sur SYNC, pour que les deux cuissons se terminent en même temps, puis lancez la cuisson.

5. Une fois la cuisson terminée, servez les crevettes accompagnées des tomates rôties et parsemez de coriandre.

INGRÉDIENTS

Pour la cuve 1

6 œufs

12 crevettes crues décortiquées

1 gousse d'ail hachée

1 oignon nouveau haché

1 noix de gingembre hachée

2 c. à soupe de sauce soja

1 c. à soupe de graines de sésame

Sel, poivre

Pour la cuve 2

3 poireaux en rondelles

1 c. à soupe de graines de sésame

2 c. à soupe d'huile de sésame

3 c. à soupe d'huile neutre

OMELETTE AUX CREVETTES ET POIREAUX AU SÉSAME

4 PERSONNES

15 MIN 30 MIN | €

Pour la cuve 1

1. Battez les œufs dans un bol, salez légèrement et poivrez. Ajoutez la sauce soja, l'ail, l'oignon et le gingembre. Versez dans un plat adapté à la cuve 1 (environ 20 x 20 cm) et déposez les crevettes dessus. Parsemez de sésame.

Pour la cuve 2

2. Mélangez les poireaux avec l'huile neutre, du sel et du poivre.

Cuisson

3. Dans la cuve 1, déposez le plat avec l'omelette sur la grille et programmez **18 min de cuisson à 180 °C en mode manuel**. Dans la cuve 2, déposez les poireaux sur la grille et programmez **30 min de cuisson en mode frites**.

4. Appuyez sur SYNC, pour que les deux cuissons se terminent en même temps, puis lancez la cuisson.

5. Lorsque les poireaux sont cuits, ajoutez-y les graines et l'huile de sésame, puis mélangez. Servez l'omelette accompagnée des poireaux au sésame.

CREVETTES AUX HERBES, COURGETTES ET ASPERGES AU CITRON

4 PERSONNES

15 MIN 20 MIN | €€

INGRÉDIENTS

Pour la cuve 1

24 crevettes crues décortiquées

4 brins d'estragon hachés

4 brins d'aneth hachés
+ pour le dressage

10 brins de ciboulette hachés
4 c. à soupe d'huile d'olive
Sel, poivre

Pour la cuve 2

2 courgettes en rondelles

1 botte d'asperges en tronçons

Les zestes et le jus de 1 citron
1 filet d'huile d'olive

Pour la cuve 1

1. Mélangez l'estragon, l'aneth et la ciboulette avec l'huile d'olive, du sel et du poivre, puis roulez les crevettes dans cette préparation.

Pour la cuve 2

2. Mélangez les courgettes et les asperges avec l'huile d'olive, les zestes du citron, du sel et du poivre.

Cuisson

3. Dans la cuve 1, disposez les crevettes sur la grille et programmez **10 min de cuisson à 180 °C en mode manuel**. Dans la cuve 2, déposez les courgettes et les asperges sur la grille, et programmez **20 min de cuisson à 200 °C en mode manuel**.

4. Appuyez sur SYNC, pour que les deux cuissons se terminent en même temps, puis lancez la cuisson. Mélangez les légumes à mi-cuisson.

5. Une fois la cuisson terminée, arrosez les légumes du jus de citron. Servez les crevettes accompagnées des courgettes et asperges citronnées. Parsemez d'aneth.

INGRÉDIENTS

Pour la cuve 1

24 crevettes crues décortiquées
4 c. à soupe de sauce aigre-douce
2 gousses d'ail hachées
1 oignon nouveau haché

Pour la cuve 2

450 g de riz cuit

100 g de petits pois

2 oignons nouveaux finement émincés

1 noix de gingembre râpée
20 g de beurre
1 c. à soupe d'huile neutre

10 brins de coriandre ciselés
Sel, poivre

CREVETTES SAUCE AIGRE-DOUCE, RIZ SAUTÉ AUX PETITS POIS

4 PERSONNES

15 MIN | 23 MIN | €€

Pour la cuve 1

1. Mélangez l'ail et l'oignon nouveau avec la sauce aigre-douce et du poivre, puis enrobez les crevettes de cette préparation.

Pour la cuve 2

2. Déposez dans le fond de la cuve 2, sans grille, le beurre, l'huile, les oignons nouveaux et le gingembre. Lancez **5 min de cuisson à 180 °C en mode manuel**. Ajoutez les petits pois, mélangez et poursuivez la cuisson **5 min à 180 °C en mode manuel**.

3. Dans la cuve 2, ajoutez le riz, salez et poivrez, mélangez et programmez **15 min de cuisson à 190 °C en mode manuel**. Dans la cuve 1, déposez les crevettes marinées sur la grille et programmez **8 min de cuisson à 180 °C en mode manuel**. Appuyez sur SYNC, pour que les deux cuissons se terminent en même temps, puis lancez la cuisson.

4. Parsemez le riz de coriandre et servez-le avec les crevettes.

CREVETTES CROUSTILLANTES, MANGUE ET COURGETTES RÔTIES

INGRÉDIENTS

Pour la cuve 1

24 crevettes crues décortiquées

3 feuilles de brick
2 c. à soupe de sauce aigre-douce

2 gousses d'ail finement hachées
Huile neutre

Pour la cuve 2

1 mangue mûre à point en cubes

2 courgettes rôties en bâtonnets

1 cébette émincée
10 brins de coriandre ciselés
1 filet d'huile neutre
Sel, poivre

4 PERSONNES

20 MIN | 30 MIN | €€

Pour la cuve 1

1. Mélangez l'ail avec la sauce aigre-douce et du poivre. Badigeonnez les crevettes avec cette préparation. Badigeonnez d'huile les feuilles de brick, puis coupez-les en lanières. Enroulez chaque crevette dans une lanière de feuille de brick.

Pour la cuve 2

2. Mélangez la mangue, les courgettes et la cébette avec l'huile neutre, du sel et du poivre.

Cuisson

3. Dans la cuve 1, disposez les crevettes enrobées de feuille de brick sur la grille et programmez **12 min de cuisson à 200 °C en mode manuel**. Dans la cuve 2, disposez les courgettes et la mangue sur la grille et programmez **30 min de cuisson en mode frites**.

4. Appuyez sur SYNC, pour que les deux cuissons se terminent en même temps, puis lancez la cuisson. Mélangez les légumes à mi-cuisson.

5. Servez les crevettes accompagnées des courgettes rôties et de la mangue, parsemées de coriandre.

1
2

INGRÉDIENTS

Pour la cuve 1

20 crevettes

2 c. à soupe de noix de coco râpée

1 pincée de flocons de piment

1 gousse d'ail finement hachée

3 c. à soupe d'huile de coco fondue

Sel, poivre

Pour la cuve 2

1 brocoli en petites fleurettes

1 c. à soupe de curry en poudre

3 c. à soupe d'huile de coco fondue

Sel, poivre

CREVETTES À LA NOIX DE COCO, BROCOLIS AU CURRY

4 PERSONNES

20 MIN | 30 MIN | 20 MIN | €€

Pour la cuve 1

1. Mélangez l'ail avec la noix de coco, l'huile de coco, les flocons de piment, du sel et du poivre. Ajoutez les crevettes, mélangez et laissez mariner 30 min.

Pour la cuve 2

2. Mélangez le brocoli avec l'huile de coco, le curry, du sel et du poivre.

Cuisson

3. Dans la cuve 1, disposez les crevettes sur la grille et programmez **8 min de cuisson à 180 °C en mode manuel**. Dans la cuve 2, placez le brocoli sur la grille et programmez **20 min de cuisson en mode légumes**. Appuyez sur SYNC, pour que les deux cuissons se terminent en même temps, puis lancez la cuisson.

4. Servez les crevettes avec le brocoli au curry.

Astuce

Vous pouvez servir ce plat avec de la coriandre hachée.

INGRÉDIENTS

Pour la cuve 1

12 noix de saint-jacques

Les zestes et le jus de 1 orange

1 pincée de piment d'Espelette
1 filet d'huile d'olive
Sel, poivre

Pour la cuve 2

300 g de gnocchis à poêler

2 poireaux finement émincés
1 filet d'huile d'olive

SAINT-JACQUES À L'ORANGE, GNOCCHIS AUX POIREAUX

4 PERSONNES

15 MIN | 30 MIN | 20 MIN | €€

Pour la cuve 1

1. Mélangez le jus et les zestes avec l'huile d'olive, le piment d'Espelette, du sel et du poivre. Enrobez les noix de Saint-Jacques avec cette préparation et laissez-les mariner 30 min.

Pour la cuve 2

2. Mélangez les gnocchis avec les poireaux, l'huile d'olive, du sel et du poivre.

Cuisson

3. Dans la cuve 1, disposez les saint-jacques sur la grille (réservez la marinade) et programmez **8 min de cuisson à 180 °C en mode manuel**. Dans la cuve 2, étalez les gnocchis et les poireaux sur la grille et programmez **20 min de cuisson à 190 °C en mode manuel**.

4. Appuyez sur SYNC, pour que les deux cuissons se terminent en même temps, puis lancez la cuisson.

5. Servez les noix de saint-jacques nappées du reste de marinade avec les gnocchis aux poireaux.

PLATS VÉGÉTARIENS

INGRÉDIENTS

100 g de mesclun
1 filet d'huile d'olive

Pour la cuve 1

400 g de mozzarella pour pizza, en bâtonnets de 2 cm de large

1 œuf battu

1 pincée de piment d'Espelette

1 c. à café d'herbes de Provence

Chapelure
Sel, poivre

Pour la cuve 2

400 g de tomates cerises
2 c. à soupe d'huile d'olive

BATÔNNETS DE MOZZARELLA PANÉE, TOMATES CERISES RÔTIES

4 PERSONNES

20 MIN | 1 H | 20 MIN | €

Pour la cuve 1

1. Déposez les bâtonnets de mozzarella sur une feuille de papier absorbant pour ôter un maximum d'eau, puis placez-les au congélateur pour 1 h sur du papier sulfurisé.

2. Mélangez l'œuf avec du sel, du poivre, les herbes de Provence et le piment d'Espelette. Trempez les bâtonnets de mozzarella dans l'œuf, puis dans la chapelure. Répétez l'opération une seconde fois.

Pour la cuve 2

3. Arrosez les tomates de 2 c. à soupe d'huile d'olive, salez et poivrez.

Cuisson

4. Dans la cuve 1, déposez sur la grille les bâtonnets de mozzarella et programmez **15 min de cuisson à 180 °C en mode manuel**. Dans la cuve 2, déposez les tomates sur la grille et programmez **20 min de cuisson à 200 °C en mode manuel**. Appuyez sur SYNC, pour que les deux cuissons se terminent en même temps, puis lancez la cuisson.

5. Arrosez le mesclun d'huile d'olive, salez et poivrez, répartissez-le dans les assiettes, puis ajoutez les bâtonnets de mozzarella et les tomates cerises rôties.

LÉGUMES CONFITS, POIS CHICHES AUX HERBES ET BURRATA

INGRÉDIENTS

1 grosse burrata coupée en quatre

Pour la cuve 1

2 poivrons (rouge et jaune) en morceaux

2 tomates en cubes

2 courgettes en cubes

1 oignon émincé

4 gousses d'ail hachées

2 brins de basilic ciselés + pour le service

3 c. à soupe d'huile d'olive

Sel, poivre

Pour la cuve 2

400 g de pois chiches en conserve égouttés

2 c. à soupe d'herbes de Provence

2 gousses d'ail pressées

1 c. à café de paprika

2 c. à soupe d'huile d'olive

4 PERSONNES

20 MIN | 40 MIN | €

Pour la cuve 1

1. Mélangez les poivrons, les tomates, les courgettes, l'oignon, l'ail, le basilic et l'huile d'olive, salez et poivrez.

Pour la cuve 2

2. Mélangez les pois chiches avec les herbes de Provence, l'ail, le paprika et l'huile d'olive, salez et poivrez.

Cuisson

3. Dans la cuve 1 sans grille, déposez les légumes et programmez **40 min de cuisson à 180 °C en mode manuel**. Dans la cuve 2, placez les pois chiches sur la grille et programmez **20 min de cuisson en mode légumes**.

4. Appuyez sur SYNC, pour que les deux cuissons se terminent en même temps, puis lancez la cuisson. Remuez les légumes et les pois chiches à mi-cuisson.

5. Répartissez les légumes et les pois chiches dans les assiettes, avec la burrata. Parsemez de feuilles de basilic.

INGRÉDIENTS

Pour la cuve 1

4 œufs extra-frais

3 c. à soupe de purée de sésame (tahin)

Le jus de ½ citron

1 c. à café bombée de graines de sésame

2 brins de menthe hachés

2 brins de coriandre hachés

2 brins d'estragon hachés

Sel, poivre

Pour la cuve 2

8 carottes en tronçons, en biais

2 c. à soupe de graines de cumin

1 filet d'huile d'olive

ŒUFS COCOTTE AUX HERBES, CAROTTES RÔTIES AU CUMIN

4 PERSONNES

15 MIN 47 MIN | €

Pour la cuve 1

1. Mélangez la purée de sésame avec le jus de citron et de l'eau jusqu'à obtenir une texture lisse et crémeuse, salez. Répartissez ce mélange au fond de quatre ramequins.

2. Séparez les blancs des jaunes d'œufs, déposez chaque blanc dans un ramequin, réservez les jaunes, parsemez de sésame.

Pour la cuve 2

3. Mélangez les carottes avec les graines de cumin, l'huile d'olive, du sel et du poivre.

Cuisson

4. Dans la cuve 1, déposez les ramequins sur la grille et programmez **8 min de cuisson à 180 °C en mode manuel**. Dans la cuve 2, disposez les carottes sur la grille et programmez **45 min de cuisson à 180 °C en mode manuel**. Appuyez sur SYNC, pour que les deux cuissons se terminent en même temps, puis lancez la cuisson.

5. À la fin de la cuisson, déposez 1 jaune d'œuf dans chaque ramequin et poursuivez la cuisson **2 min à 180 °C en mode manuel**.

6. Disposez les carottes dans les assiettes, parsemez les œufs cocotte d'herbes fraîches et servez aussitôt.

INGRÉDIENTS

Pour la cuve 1

4 belles tomates coupées en deux

4 gousses d'ail pressées

4 c. à soupe bombées de chapelure

4 brins de persil hachés

2 c. à soupe d'huile d'olive

Sel, poivre

Pour la cuve 2

2 blocs de tofu

2 brins de basilic hachés

50 g d'olives vertes à l'huile hachées

2 c. à soupe de câpres au vinaigre hachées

6 brins de persil hachés

6 c. à soupe d'huile d'olive

TOFU MARINÉ AU BASILIC, CONDIMENT AUX OLIVES, ET TOMATES RÔTIES

4 PERSONNES

20 MIN 25 MIN | €

Pour la cuve 1

1. Mixez la chapelure avec l'ail, le persil et l'huile. Salez et poivrez.

Pour la cuve 2

2. Égouttez les blocs de tofu, séchez-les bien. Badigeonnez le tofu d'huile, salez, poivrez et parsemez de basilic. Mélangez les olives et les câpres avec le persil et 4 c. à soupe d'huile d'olive.

Cuisson

3. Dans la cuve 1, disposez les tomates sur la grille, parsemez-les de chapelure et programmez **25 min de cuisson en mode gâteau**.

4. Dans la cuve 2, placez le tofu sur la grille et programmez **20 min de cuisson à 200 °C en mode manuel**. Appuyez sur SYNC, pour que les deux cuissons se terminent en même temps, puis lancez la cuisson.

5. Répartissez les tomates rôties et le tofu dans les assiettes, ajoutez le condiment aux olives et servez immédiatement.

INGRÉDIENTS

150 g de yaourt velouté

Pour la cuve 1

800 g de pois chiches en conserve égouttés

10 brins de persil grossièrement hachés

10 brins de coriandre grossièrement hachés

1 oignon nouveau grossièrement haché

4 gousses d'ail

1 c. à café de cumin en poudre

1 c. à café de coriandre en poudre

1 pincée de piment en poudre

1 c. à soupe bombée de graines de sésame

½ c. à café de bicarbonate de soude

2 c. à soupe d'huile d'olive + pour les mains

Sel, poivre

Pour la cuve 2

2 grosses aubergines ou 4 petites

Le jus de 1 citron

4 c. à soupe de purée de sésame

8 brins de coriandre ciselés

Huile d'olive

FALAFELS
ET AUBERGINES CONFITES

4 PERSONNES

25 MIN | 30 MIN | €

Pour la cuve 1

1. Placez dans le bol d'un mixeur les pois chiches, les herbes, l'oignon nouveau, l'ail, les épices, le bicarbonate de soude et les graines de sésame. Ajoutez l'huile d'olive, salez et mixez en pulsant jusqu'à obtenir une préparation humide qui se tienne.

2. Versez de l'huile d'olive dans le fond d'un bol, placez-le à proximité pour vous permettre de vous mettre de l'huile sur les mains régulièrement. Avec les mains huilées, formez des falafels de la taille d'une balle de golf (vous devriez en obtenir une vingtaine).

Pour la cuve 2

3. Piquez les aubergines à l'aide d'un cure-dent ou d'une fourchette.

Cuisson

4. Dans la cuve 1, déposez les falafels sur la grille et programmez **20 min de cuisson à 200 °C en mode manuel**. Dans la cuve 2, déposez les aubergines entières sur la grille et programmez **30 min de cuisson à 200 °C en mode manuel**.

5. Appuyez sur SYNC, pour que les deux cuissons se terminent en même temps, puis lancez la cuisson. Retournez les aubergines à mi-cuisson.

6. Ouvrez les aubergines et assaisonnez la chair de sel, poivre, huile d'olive, purée de sésame, jus de citron et coriandre. Salez et poivrez le yaourt.

7. Servez les aubergines avec les falafels et la sauce au yaourt.

Astuce

Si vous n'aimez pas la coriandre, vous pouvez la remplacer par du persil ou de la menthe.

KUKU SABZI ET COURGE RÔTIE
À LA GRENADE

INGRÉDIENTS

100 g de yaourt velouté

Pour la cuve 1

6 œufs

2 bouquets de persil hachés
2 bouquets de coriandre hachés
1 bouquet d'aneth haché
2 échalotes finement hachées
1 poignée de noix concassées
1 poignée de petits raisins secs
1 c. à soupe de bicarbonate de soude
1 c. à café de cumin en poudre
1 c. à café de cannelle en poudre
2 c. à soupe d'huile d'olive
Sel, poivre

Pour la cuve 2

800 g de potimarron en tranches

½ grenade
Huile d'olive

4 PERSONNES

20 MIN | 25 MIN | €

Pour la cuve 1

1. Mélangez les herbes avec les échalotes, les noix, les raisins secs, les œufs, le bicarbonate de soude et les épices, salez et poivrez. Huilez un moule adapté à la cuve (environ 20 x 20 cm) et versez-y la préparation.

Pour la cuve 2

2. Badigeonnez le potimarron d'huile d'olive, salez et poivrez.

Cuisson

3. Dans la cuve 1, déposez le plat avec le kuku sabzi sur la grille et programmez **25 min de cuisson en mode gâteau**. Dans la cuve 2, placez le potimarron sur la grille et programmez **25 min de cuisson à 200 °C en mode manuel**. Appuyez sur SYNC, pour que les deux cuissons se terminent en même temps, puis lancez la cuisson.

4. Lorsque le kuku sabzi est cuit, sortez-le du tiroir avec précaution et découpez-le en parts. Servez-le avec le potimarron et le yaourt salé et poivré.

Bon à savoir

Le kuku sabzi est une omelette d'origine iranienne aux herbes et aux noix.
On peut l'agrémenter de raisins secs ou de fruits d'épine-vinette.

INGRÉDIENTS

Pour la cuve 1

4 grosses tomates

200 g de ricotta
4 brins de basilic hachés
4 brins de persil hachés

4 c. à soupe de câpres hachées
2 c. à soupe de pignons de pin
2 c. à soupe de parmesan râpé
2 c. à soupe de chapelure
1 filet d'huile d'olive
Sel, poivre

Pour la cuve 2

2 poivrons rouges en lanières

2 poivrons jaunes en lanières

2 c. à soupe de miel
2 c. à soupe d'huile d'olive

TOMATES FARCIES À LA RICOTTA, POIVRONS CONFITS AU MIEL

4 PERSONNES

25 MIN | 10 MIN | 25 MIN | €

Pour la cuve 1

1. Coupez le chapeau des tomates et retirez délicatement la chair. Salez et retournez les tomates 10 min pour qu'elles perdent leur eau. Mélangez la ricotta avec les herbes, les câpres, les pignons de pin, du sel et du poivre.

2. Farcissez les tomates égouttées avec cette préparation. Parsemez de parmesan et chapelure mélangés.

3. Disposez les tomates farcies dans la cuve 1 sur la grille, arrosez d'huile d'olive.

Pour la cuve 2

4. Dans un bol, mélangez les poivrons avec le miel, l'huile d'olive, du sel et du poivre.

Cuisson

5. Programmez la cuve 1 pour **25 min de cuisson en mode gâteau**. Dans la cuve 2 sans grille, placez les poivrons et programmez **20 min de cuisson à 200 °C en mode manuel**.

6. Appuyez sur SYNC, pour que les deux cuissons se terminent en même temps, puis lancez la cuisson. Mélangez les poivrons à mi-cuisson.

7. Servez les tomates farcies accompagnées des poivrons confits au miel.

INGRÉDIENTS

2 aubergines en tranches de 0,5 cm d'épaisseur

400 g de sauce tomate cuisinée

4 c. à soupe de parmesan râpé

1 oignon émincé

2 gousses d'ail émincées

2 c. à café d'origan séché

20 feuilles de basilic ciselées

4 c. à soupe de chapelure
6 c. à soupe d'huile d'olive
Sel, poivre

AUBERGINES
À LA PARMIGIANA

3 OU 4 PERSONNES

25 MIN | 54 MIN | €

1. Badigeonnez les tranches d'aubergine d'huile d'olive, salez et poivrez. Répartissez-les dans les deux cuves sur les grilles et faites-les cuire **8 min à 180 °C en mode manuel**. Retournez les tranches et relancez la cuisson pour **8 min** supplémentaires. Réservez.

2. Mélangez l'ail et l'oignon avec 1 c. à soupe d'huile d'olive, déposez-les dans la cuve 2 sans grille et faites cuire **3 min à 180 °C en mode manuel**.

3. Dans un bol, mélangez la sauce tomate avec l'ail et l'oignon cuits ainsi que l'origan.

4. Disposez les aubergines dans un plat à gratin (20 x 20 cm environ), ajoutez la sauce tomate dessus et répartissez le basilic. Mélangez le parmesan et la chapelure et parsemez-en le gratin.

5. Placez le plat à gratin dans la cuve 1, sur la grille, et programmez **35 min de cuisson à 160 °C en mode manuel**.

GRAND CLASSIQUE

RAVIOLES DU DAUPHINÉ
GRATINÉES AU POIREAU ET COURGE RÔTIE

4 PERSONNES

15 MIN | 40 MIN | €

INGRÉDIENTS

Pour la cuve 1

480 g de ravioles du Dauphiné

1 poireau émincé

1 échalote hachée

25 cl de crème fleurette

40 g de comté ou de beaufort râpé

20 brins de ciboulette ciselés

2 c. à soupe d'huile d'olive

Sel, poivre

Pour la cuve 2

900 g de courge butternut en cubes

2 c. à soupe d'huile d'olive

Pour la cuve 1

1. Mélangez le poireau et l'échalote, salez, poivrez et versez l'huile d'olive, mélangez. Placez-les dans la cuve 1, sans grille, et lancez **10 min de cuisson à 180 °C en mode manuel**. Réservez après cuisson et nettoyez la cuve. Salez et poivrez la crème fleurette.
2. Placez la moitié du poireau dans le fond d'un plat à gratin adapté à la cuve 1 (environ 20 x 20 cm), ajoutez la moitié des grilles de ravioles, le reste de poireau, les autres grilles de ravioles, arrosez de crème, parsemez de ciboulette (réservez-en un peu pour le service), puis de fromage.

Pour la cuve 2

3. Mélangez la courge butternut avec l'huile d'olive, salez et poivrez.

Cuisson

4. Dans la cuve 1, déposez le gratin sur la grille et lancez **20 min de cuisson en mode légumes**. Dans la cuve 2, placez le butternut sur la grille et lancez **30 min de cuisson en mode frites**.
5. Lorsque la cuisson du gratin arrive à sa fin, reprogrammez **10 min de cuisson à 120 °C en mode manuel**.
6. Sortez précautionneusement le gratin du tiroir et servez-le avec la courge rôtie. Parsemez de ciboulette.

INGRÉDIENTS

200 g de yaourt grec

Pour la cuve 1

½ potimarron en morceaux

1 panais en morceaux

½ chou-fleur en morceaux
1 oignon rouge en quartiers
2 c. à soupe de thym séché
4 c. à soupe d'huile d'olive
Sel, poivre

Pour la cuve 2

450 g de riz cuit
1 oignon finement haché

2 doses de safran
2 c. à soupe d'huile d'olive

LÉGUMES D'HIVER RÔTIS
ET RIZ AU SAFRAN

4 PERSONNES

20 MIN 35 MIN | €

Pour la cuve 1

1. Mélangez les légumes avec l'huile d'olive, le thym, du sel et du poivre.

Pour la cuve 2

2. Mélangez l'oignon avec l'huile d'olive, disposez-le dans la cuve 2, sans grille, et lancez **5 min de cuisson à 200 °C en mode manuel**.

Cuisson

3. Ajoutez le riz cuit et le safran dans la cuve 2, mélangez et programmez **5 min de cuisson à 180 °C en mode manuel**. Dans la cuve 1, disposez les légumes sur la grille et programmez **30 min de cuisson en mode frites**. Appuyez sur SYNC, pour que les deux cuissons se terminent en même temps, puis lancez la cuisson.

4. Lorsque les légumes sont rôtis, servez-les avec le yaourt grec salé et poivré, et le riz au safran.

INGRÉDIENTS

1 kg de courge butternut coupée en cubes

60 g de parmesan râpé

100 g de farine

100 g d'amandes en poudre

100 g de beurre demi-sel froid en dés

2 brins de thym effeuillés

2 gousses d'ail en chemise écrasées

4 pincées de piment d'Espelette

2 c. à soupe d'huile d'olive

Sel, poivre

CRUMBLE DE BUTTERNUT AU PARMESAN

3 OU 4 PERSONNES

15 MIN | 35 MIN | €

1. Mélangez la courge avec le thym, l'ail et l'huile d'olive, salez et poivrez. Répartissez dans les deux cuves équipées des grilles et programmez **15 min de cuisson à 180 °C en mode manuel**.

2. Pendant ce temps, mélangez la farine avec le parmesan et les amandes en poudre, ajoutez le piment d'Espelette et le beurre, puis mélangez du bout des doigts afin d'obtenir une texture sableuse.

3. Une fois la courge cuite, mettez les cubes dans un plat à gratin (20 x 20 cm environ) et déposez-le dans la cuve 1.

4. Parsemez de pâte à crumble et lancez la cuisson pour **20 min à 180 °C en mode manuel**.

RECETTE WAOUH

SPÉCIAL KIDS

INGRÉDIENTS

Pour la cuve 1

1 pâte feuilletée rectangulaire

250 g de mozzarella en tranches

1 tomate en rondelles

6 pétales de tomates séchées hachés

2 c. à soupe bombées de pesto

Pour la cuve 2

2 aubergines en bâtonnets

2 gousses d'ail pressées

4 c. à soupe d'huile d'olive

Sel, poivre

FRIAND AUX TOMATES, MOZZA ET PESTO, AUBERGINES CONFITES

4 PERSONNES

25 MIN | 30 MIN | €

Pour la cuve 1

1. Découpez du papier sulfurisé à la taille de la cuve 1. Il servira de gabarit pour la taille du friand.

2. Déroulez la pâte feuilletée, étalez-y le pesto, puis disposez les rondelles de tomate, les tranches de mozzarella et les tomates séchées. Pliez les coins de la pâte pour former un friand et pressez bien les bords pour les souder. Entaillez le dessus du friand avec la pointe d'un couteau.

Pour la cuve 2

3. Dans un bol, mélangez les aubergines, l'ail et l'huile d'olive, salez et poivrez.

Cuisson

4. Dans la cuve 1, placez le friand sur la grille retournée (côté lisse) sans papier cuisson, puis programmez **30 min de cuisson en mode frites**. Dans la cuve 2, déposez les aubergines sur la grille et programmez **30 min de cuisson en mode frites**. Appuyez sur SYNC, pour que les deux cuissons se terminent en même temps, puis lancez la cuisson.

5. Servez le friand coupé en tranches, accompagné des aubergines confites.

LA FOURMI
FRANCE

INGRÉDIENTS

4 pains à burger

2 petites courgettes jaunes
2 poignées de pousses d'épinards
8 rondelles d'oignon rouge
4 tranches de cheddar
Sauce béarnaise
Sauce barbecue

Pour la cuve 1

200 g de pois chiches en conserve
100 g de courgettes en morceaux

200 g de lentilles vertes cuites
150 g de parmesan râpé
2 oignons nouveaux hachés
1 gousse d'ail hachée
4 brins de coriandre et de persil ciselés
1 c. à café de piment d'Espelette
150 g de chapelure
2 œufs battus
2 c. à soupe d'huile d'olive
Sel, poivre

Pour la cuve 2

800 g de pommes de terre spéciales frites (à chair farineuse)
3 c. à soupe d'huile de friture

BURGERS VEGGIES

4 PERSONNES

25 MIN | 45 MIN | €

Pour la cuve 1

1. Préparez les steaks. Mixez les pois chiches, les courgettes, les lentilles, le parmesan, les oignons, l'ail, les herbes, le piment, du sel et du poivre jusqu'à obtenir une pâte homogène. Débarrassez la préparation dans un saladier, puis ajoutez la chapelure et les œufs. Mélangez bien l'ensemble et formez quatre steaks avec vos mains huilées.

Pour la cuve 2

2. Épluchez, rincez et coupez les pommes de terre en frites d'environ 1,5 cm d'épaisseur. Lavez-les sous l'eau, puis séchez-les avec un torchon propre. Déposez-les dans un saladier, salez, poivrez et arrosez d'huile. Mélangez bien.

Cuisson

3. Déposez les steaks sur la grille de la cuve 1 et programmez **8 min de cuisson à 190 °C en mode manuel**. Dans la cuve 2, mettez les pommes de terre sur la grille et programmez **45 min de cuisson en mode frites**. Appuyez sur SYNC, pour que les deux cuissons se terminent en même temps, puis lancez la cuisson.

4. À l'aide d'une mandoline ou d'un épluche-légumes, réalisez des lamelles très fines de courgette jaune.

5. Toastez les pains et tartinez la base de sauce béarnaise, ajoutez quelques pousses d'épinards, puis les steaks. Surmontez de 2 rondelles d'oignon rouge, de cheddar, de courgettes et enfin de sauce barbecue. Dégustez accompagné des frites.

INGRÉDIENTS

Pour la cuve 1

8 gros champignons de Paris

350 g de ricotta

2 c. à soupe bombées de parmesan

10 brins de ciboulette ciselés

Les zestes de 1 citron

2 c. à soupe d'huile d'olive

Sel, poivre

Pour la cuve 2

800 g de patates douces en cubes

2 oignons rouges en quartiers

1 c. à soupe bombée de romarin séché

4 c. à soupe d'huile d'olive

CHAMPIGNONS FARCIS, PATATES DOUCES ET OIGNONS RÔTIS

4 PERSONNES

20 MIN | **30 MIN** | **€**

Pour la cuve 1

1. Hachez finement les pieds des champignons. Dans un bol, mélangez la ricotta, le parmesan, la ciboulette (réservez-en un peu pour le service), les zestes du citron, les pieds de champignons hachés, salez et poivrez.

2. Garnissez les têtes des champignons avec cette farce.

Pour la cuve 2

3. Mélangez les patates douces et les oignons avec l'huile d'olive, le romarin, du sel et du poivre.

Cuisson

4. Dans la cuve 1, placez les champignons farcis sur la grille et programmez **25 min de cuisson en mode gâteau**. Dans la cuve 2, placez les patates douces et les oignons rouges sur la grille et programmez **30 min de cuisson en mode frites**. Appuyez sur SYNC, pour que les deux cuissons se terminent en même temps, puis lancez la cuisson.

5. Servez les champignons avec les patates douces et les oignons rôtis, et parsemez de ciboulette.

PATATES DOUCES À LA TAPENADE
ET POIS CHICHES À LA TOMATE

4 PERSONNES

20 MIN | 32 MIN | €

INGRÉDIENTS

Pour la cuve 1

2 petites patates douces coupées en deux

4 c. à soupe de tapenade

1 boule de mozzarella en tranches

2 c. à soupe d'huile d'olive

Sel, poivre

Pour la cuve 2

800 g de pois chiches en conserve égouttés

1 tomate en petits dés

1 c. à soupe de caviar de tomates (ou 6 pétales de tomates confites finement hachés)

2 brins de basilic ciselés

2 c. à soupe d'huile d'olive

Sel, poivre

Pour la cuve 1

1. Badigeonnez les patates douces d'huile d'olive, salez et poivrez. Dans la cuve 1 avec la grille, déposez les patates douces et lancez **25 min de cuisson en mode gâteau**.

2. Déposez la mozzarella sur du papier absorbant.

Pour la cuve 2

3. Mélangez les pois chiches, la tomate, le caviar de tomates, l'huile d'olive et le basilic, salez et poivrez.

Cuisson

4. Lorsque les patates douces sont cuites dans la cuve 1, tartinez-les de tapenade et déposez les tranches de mozzarella par-dessus. Programmez **7 min à 200 °C en mode manuel**. Dans la cuve 2, déposez le mélange aux pois chiches sur la grille et lancez **20 min de cuisson à 180 °C en mode manuel**. Appuyez sur SYNC, pour que les deux cuissons se terminent en même temps, puis lancez la cuisson.

5. Servez les patates douces accompagnées des pois chiches.

INGRÉDIENTS

4 pains à panini

2 courgettes en fins rubans

16 tranches fines d'aubergine

12 rondelles de tomate

1 bûche de chèvre en tranches

12 feuilles de basilic

Herbes de Provence

Huile d'olive

Sel, poivre

PANINIS AUX LÉGUMES DU SOLEIL
ET CHÈVRE

4 PERSONNES

15 MIN | 35 MIN | €

1. Badigeonnez les tranches d'aubergine d'huile d'olive, parsemez-les d'herbes de Provence, salez et poivrez et répartissez-les dans les deux cuves. Programmez **15 min de cuisson à 200 °C en mode manuel**. Retournez-les à mi-cuisson.

2. Ajoutez sur les aubergines les rubans de courgettes légèrement huilés au préalable et les rondelles de tomate salées, poivrées et assaisonnées avec des herbes de Provence. Programmez **10 min de cuisson à 200 °C en mode manuel**.

3. Fendez les pains en deux dans la longueur sans aller jusqu'au bout. Remplissez-les de légumes grillés, ajoutez dessus le chèvre et les feuilles de basilic. Refermez les pains et badigeonnez-les d'huile d'olive au pinceau.

4. Répartissez les paninis dans les deux cuves et programmez **10 min de cuisson à 200 °C en mode manuel**. Retournez à mi-cuisson et dégustez chaud !

INGRÉDIENTS

Pour la cuve 1

1 chou-fleur en fleurettes

3 c. à soupe d'épices cajun

Le jus de ½ citron

2 c. à soupe de sirop d'érable
4 c. à soupe d'huile d'olive
Sel, poivre

Pour la cuve 2

2 blocs de halloumi en cubes

400 g de pois chiches en conserve égouttés

1 c. à soupe de thym séché
1 c. à café de paprika
4 c. à soupe d'huile d'olive

CHOU-FLEUR RÔTI AUX ÉPICES, POIS CHICHES AU HALLOUMI

4 PERSONNES

15 MIN **25 MIN** | **€**

Pour la cuve 1

1. Mélangez l'huile d'olive avec les épices cajun, le jus de citron, le sirop d'érable, du sel et du poivre. Enrobez bien le chou-fleur de ce mélange.

Pour la cuve 2

2. Mélangez les pois chiches et le halloumi avec l'huile d'olive, le thym, le paprika et du poivre.

Cuisson

3. Dans la cuve 1, disposez le chou-fleur sur la grille et programmez **25 min de cuisson en mode gâteau**. Dans la cuve 2, disposez les pois chiches mélangés au halloumi sur la grille et programmez **20 min de cuisson en mode légumes**. Appuyez sur SYNC, pour que les deux cuissons se terminent en même temps, puis lancez la cuisson.

4. Servez le chou-fleur rôti avec les pois chiches au halloumi.

200C
140C

GRAND CLASSIQUE

MONT-D'OR À L'AIL
ET AU THYM, LÉGUMES RÔTIS

4 PERSONNES

15 MIN | 40 MIN | €

INGRÉDIENTS

Pour la cuve 1

800 g de patates douces en cubes de 3 cm

2 carottes en cubes de 3 cm

1 oignon rouge en cubes de 3 cm

2 c. à soupe d'huile d'olive

Sel, poivre

Pour la cuve 2

1 mont-d'or (environ 400 g)

3 gousses d'ail en chemise écrasées

6 brins de thym

Pour la cuve 1

1. Déposez les carottes, les patates douces et l'oignon dans un saladier et arrosez-les d'huile d'olive, salez et poivrez. Mélangez.

Pour la cuve 2

2. Ouvrez le mont-d'or à l'aide d'une cuillère à soupe, glissez-y l'ail et le thym. Ôtez le plastique autour du fromage.

Cuisson

3. Dans la cuve 1, déposez-y les légumes sur la grille et programmez **40 min de cuisson à 180 °C en mode manuel**. Dans la cuve 2, déposez le mont-d'or sur la grille, programmez **20 min de cuisson en mode légumes**.

4. Appuyez sur SYNC, pour que les deux cuissons se terminent en même temps, puis lancez la cuisson. Mélangez plusieurs fois les légumes pendant la cuisson.

5. Placez le mont-d'or sur une assiette au centre de la table. Servez les légumes dans les assiettes agrémentés d'une belle cuillerée de mont-d'or fondu.

Astuce

Vous pouvez accompagner ce plat d'une salade verte.

BETTERAVES RÔTIES AU YAOURT,
POIS CHICHES AUX ÉPICES

4 PERSONNES

20 MIN | 1 H 10 | €

INGRÉDIENTS

200 g de yaourt grec

Le zeste et le jus de ½ citron
2 c. à soupe d'huile d'olive

Pour la cuve 1

800 g de betteraves rouges et/ou jaunes

1 c. à café de graines de cumin
2 c. à soupe d'huile d'olive
Sel, poivre

Pour la cuve 2

400 g de pois chiches en conserve égouttés
1 c. à café de cumin en poudre
1 c. à café de coriandre en poudre

1 c. à café de gingembre en poudre
1 c. à café bombée de thym séché
3 c. à soupe d'huile d'olive

Pour la cuve 1

1. Emballez les betteraves dans une feuille d'aluminium.

Pour la cuve 2

2. Mélangez les pois chiches avec les épices, le thym, l'huile d'olive, salez et poivrez.

Cuisson

3. Dans la cuve 1, déposez les betteraves sur la grille et programmez **1 h de cuisson à 200 °C en mode manuel**.

4. Déballez les betteraves, ôtez la peau et coupez la chair en morceaux. Mélangez-les avec l'huile d'olive, les graines de cumin, du sel et du poivre, et remettez dans la cuve 1 sur la grille en lançant **10 min de cuisson à 200 °C en mode manuel**.

5. Dans la cuve 2, placez les pois chiches sur la grille et programmez **20 min de cuisson à 180 °C en mode manuel**. Appuyez sur SYNC, pour que les deux cuissons se terminent en même temps, puis lancez la cuisson. Mélangez les pois chiches à mi-cuisson.

6. Pendant ce temps, mélangez le yaourt avec l'huile d'olive, le zeste râpé et le jus du citron, salez et poivrez. Répartissez le yaourt dans le fond des assiettes, ajoutez les betteraves et les pois chiches. Servez aussitôt.

RECETTE WAOUH | POUR RECEVOIR | TOUR DU MONDE

INGRÉDIENTS

Pour la cuve 1

1 rouleau de pâte feuilletée rectangulaire

60 g de comté râpé

200 g de patate douce émincée à la mandoline (1 mm)

200 g de céleri rave émincé à la mandoline (1 mm)

1 carotte émincée à la mandoline (1 mm)

2 gousses d'ail pressées

2 c. à soupe d'huile d'olive

Sel, poivre

Pour la cuve 2

3 oignons rouges coupés en six

400 g de châtaignes cuites au naturel

2 c. à soupe d'huile d'olive

WELLINGTON AUX LÉGUMES RACINES, CHÂTAIGNES AUX OIGNONS

4 PERSONNES

35 MIN | 40 MIN | €

Pour la cuve 1

1. Déposez les légumes et l'ail dans un saladier, salez, poivrez, arrosez d'huile d'olive et mélangez. Coupez la pâte sur toute sa longueur afin d'obtenir un rectangle de 20 cm de large et conservez la chute de pâte pour le décor. Placez sur le premier tiers de la pâte, en laissant une bordure de 3 cm, 20 g de comté, le céleri émincé, 20 g de comté, la patate douce, le reste du comté, puis la carotte. Salez et poivrez à chaque couche de légumes.

2. Humidifiez les bords de la pâte, rabattez la pâte sur les légumes, soudez les bords, puis faites une petite cheminée au centre. Glissez-y un petit rouleau de papier sulfurisé. Décorez le feuilleté avec la pâte restante : découpez des formes ou des bandelettes de pâte que vous tresserez et collez-les sur le dessus en badigeonnant préalablement la pâte d'eau. Réservez au frais sur une feuille de papier sulfurisé.

Pour la cuve 2

3. Déposez les oignons dans un saladier, arrosez d'huile d'olive, salez et poivrez. Mélangez.

Cuisson

4. Dans la cuve 1, déposez le Wellington sur la grille sur son côté le plus lisse (placez-la à l'envers), programmez **30 min de cuisson à 170 °C en mode manuel**. Dans la cuve 2 sans grille, placez les oignons et programmez **25 min de cuisson à 180 °C en mode manuel**. Appuyez sur SYNC, pour que les deux cuissons se terminent en même temps, puis lancez la cuisson.

5. Au bout des 30 min de cuisson, reprogrammez **10 min à 150 °C en mode manuel** pour la cuve 1, et, pour la cuve 2, ajoutez les châtaignes aux oignons, mélangez et lancez **10 min de cuisson en mode poisson**.

6. Une fois la pâte bien dorée, sortez le Wellington de la cuve avec précaution et coupez-le en tranches. Servez avec les châtaignes aux oignons.

INGRÉDIENTS

Pour la cuve 1

2 panais en rondelles

3 carottes en rondelles

4 topinambours en cubes

Huile d'olive

Pour la cuve 2

8 oignons rouges et/ou jaunes

4 c. à soupe de semoule fine

500 g de champignons de Paris hachés

3 c. à soupe de raisins secs

1 poignée de noix hachées

100 g de yaourt grec

6 brins de persil hachés

4 c. à soupe bombées de parmesan râpé

2 c. à soupe d'huile d'olive

Sel, poivre

OIGNONS FARCIS
AUX CHAMPIGNONS, LÉGUMES RACINES RÔTIS

4 PERSONNES

30 MIN **1 H** | **€**

Pour la cuve 1

1. Mélangez les carottes, les panais et les topinambours avec de l'huile d'olive, du sel et du poivre.

Pour la cuve 2

2. Coupez les oignons aux deux tiers de leur hauteur et retirez délicatement l'intérieur à l'aide d'une petite cuillère sans percer le fond. Hachez l'intérieur des oignons et mélangez-le aux champignons avec l'huile d'olive et le persil.

Cuisson

3. Dans la cuve 1, disposez le mélange champignons-oignons-persil sur la grille, et lancez **20 min de cuisson en mode légumes**. Dans la cuve 2, déposez les oignons creusés et lancez **10 min de cuisson à 180 °C en mode manuel**.

4. Mélangez les champignons cuits avec les raisins secs, les noix hachées, la semoule, du sel, du poivre et le yaourt grec. Mélangez bien et garnissez les oignons, parsemez de parmesan.

5. Dans la cuve 1, placez les légumes racines et programmez **30 min de cuisson à 190 °C en mode manuel**. Dans la cuve 2, déposez les oignons farcis sur la grille et programmez **10 min de cuisson à 190 °C en mode manuel**. Appuyez sur SYNC, pour que les deux cuissons se terminent en même temps, puis lancez la cuisson.

6. Servez les oignons farcis accompagnés des légumes racines rôtis.

INGRÉDIENTS

Pour la cuve 1

500 g de patate douce en cubes de 4 cm

300 g de choux de Bruxelles

1 c. à soupe de gingembre en poudre

1 pincée de piment (d'Espelette ou de Cayenne)

3 c. à soupe d'huile d'olive

Sel, poivre

Pour la cuve 2

400 g de tofu ferme en cubes

2 oignons nouveaux émincés

1 c. à soupe de graines de sésame

3 c. à soupe de sauce teriyaki

2 gousses d'ail pressées

TOFU TERIYAKI AUX OIGNONS VERTS, PATATE DOUCE ET CHOUX DE BRUXELLES

4 PERSONNES

15 MIN 30 MIN | €

Pour la cuve 2

1. Mélangez le tofu avec les oignons, les graines de sésame, l'ail et la sauce teriyaki. Laissez mariner le temps de préparer la suite.

Pour la cuve 1

2. Placez les choux de Bruxelles dans un saladier avec la patate douce, ajoutez le gingembre et le piment, poivrez généreusement, salez et arrosez d'huile d'olive. Mélangez bien.

Cuisson

3. Dans la cuve 1, déposez les légumes sur la grille et programmez **30 min de cuisson en mode frites**. Dans la cuve 2, placez le tofu mariné sur la grille et programmez **20 min de cuisson à 200 °C en mode manuel**.

4. Appuyez sur SYNC, pour que les deux cuissons se terminent en même temps, puis lancez la cuisson. Mélangez les légumes à mi-cuisson.

5. Servez les légumes avec le tofu. Vous pouvez ajouter un peu de sauce teriyaki sur le tofu pour le déguster.

INGRÉDIENTS

Pour la cuve 1

2 aubergines en gros dés

2 oignons rouges coupés en huit

500 g de tomates cerises

Les zestes et le jus de 1 citron
3 c. à soupe d'huile d'olive
Sel, poivre

Pour la cuve 2

400 g de halloumi

2 c. à soupe de miel
2 c. à soupe d'huile d'olive
1 c. à soupe d'origan

HALLOUMI AU MIEL ET À L'ORIGAN, LÉGUMES DU SOLEIL

4 PERSONNES

20 MIN | 1 H | 30 MIN | €

Pour la cuve 1

1. Salez les aubergines et laissez-les dégorger 1 h dans une passoire. Coupez la moitié des tomates en deux. Lorsque les aubergines ont dégorgé, pressez-les légèrement avec du papier absorbant ou un torchon propre. Mélangez-les avec les oignons, les tomates entières et coupées, les zestes et le jus du citron, l'huile d'olive, du sel et du poivre.

Pour la cuve 2

2. Laissez tremper les blocs de halloumi dans l'eau pendant 30 min. Égouttez-les et essuyez-les bien avec du papier absorbant. Badigeonnez les blocs de halloumi de miel, d'huile d'olive et d'origan.

Cuisson

3. Dans la cuve 1 sans grille, déposez les légumes et programmez **30 min de cuisson en mode frites**. Dans la cuve 2, placez les blocs de halloumi sur la grille et programmez **15 min de cuisson à 180 °C en mode manuel**.

4. Appuyez sur SYNC, pour que les deux cuissons se terminent en même temps, puis lancez la cuisson. À mi-cuisson, mélangez les légumes et retournez les blocs de halloumi.

5. Coupez le halloumi en tranches et servez-le avec les légumes.

INGRÉDIENTS

Pour la cuve 1

6 œufs battus

250 g de champignons émincés
1 échalote finement hachée
2 gousses d'ail finement hachées

6 brins de persil hachés
3 c. à soupe d'huile d'olive
Sel, poivre

Pour la cuve 2

800 g de pommes de terre grenailles coupées en quatre

40 g de parmesan râpé

1 bouquet de ciboulette haché
4 c. à soupe d'huile d'olive

FRITTATA AUX CHAMPIGNONS, POMMES DE TERRE AU PARMESAN

4 PERSONNES

25 MIN | 45 MIN | €

Pour la cuve 1

1. Mélangez les champignons, l'échalote, l'ail et le persil avec 2 c. à soupe d'huile d'olive, salez et poivrez.

2. Dans la cuve 1, placez le mélange aux champignons sur la grille et programmez **10 min de cuisson à 200 °C en mode manuel**.

3. Mélangez les œufs avec les champignons cuits, salez et poivrez. Huilez un plat adapté à la cuve 1 (environ 20 x 20 cm) et versez-y les œufs aux champignons.

Pour la cuve 2

4. Mélangez les pommes de terre avec l'huile d'olive, salez et poivrez.

Cuisson

5. Dans la cuve 1, déposez la frittata sur la grille et programmez **25 min de cuisson à 180 °C en mode manuel**. Dans la cuve 2, disposez les pommes de terre sur la grille et programmez **35 min de cuisson à 180 °C en mode manuel**. Appuyez sur SYNC, pour que les deux cuissons se terminent en même temps, puis lancez la cuisson. Mélangez les pommes de terre en cours de cuisson.

6. Lorsqu'elles sont cuites, mélangez les pommes de terre avec le parmesan et la ciboulette.

7. Coupez la frittata en quatre, répartissez-la dans les assiettes et disposez les pommes de terre autour. Servez aussitôt.

INGRÉDIENTS

Pour la cuve 1

2 grosses aubergines
ou 4 petites coupées en deux

2 c. à soupe bombées de miso

1 c. à café de miel

2 c. à soupe d'huile de sésame

Pour la cuve 2

400 g de tofu ferme égoutté

1 noix de gingembre
finement râpé

2 c. à soupe de sauce soja

1 pincée de flocons de piment

1 oignon nouveau finement ciselé

2 c. à soupe de graines de sésame

2 c. à soupe d'huile de sésame

Sel

TOFU MARINÉ AU GINGEMBRE ET SÉSAME, AUBERGINES AU MISO

4 PERSONNES

15 MIN 30 MIN 30 MIN | €

Pour la cuve 2

1. Placez les blocs de tofu dans un plat creux. Mélangez le gingembre avec la sauce soja, l'huile de sésame et le piment. Versez sur le tofu et laissez mariner 30 min.

Pour la cuve 1

2. Quadrillez la surface des aubergines et salez. Laissez reposer 30 min dans une passoire. Mélangez le miso avec le miel et l'huile de sésame. Épongez les aubergines, puis badigeonnez leur chair de sauce au miso.

Cuisson

3. Dans la cuve 1, placez les aubergines sur la grille, côté chair vers le haut, et programmez **30 min de cuisson en mode frites**. Dans la cuve 2, déposez sur la grille les blocs de tofu (conservez la marinade) et programmez **15 min de cuisson à 190 °C en mode manuel**. Appuyez sur SYNC, pour que les deux cuissons se terminent en même temps, puis lancez la cuisson.

4. Répartissez le tofu coupé en tranches dans des assiettes, arrosez-le de marinade, puis déposez les aubergines, parsemez le tout d'oignon nouveau et de graines de sésame.

FETA SAGANAKI
ET LÉGUMES RÔTIS

INGRÉDIENTS

Pour la cuve 1

6 feuilles de brick

2 blocs de feta

1 c. à soupe de menthe fraîche ou séchée

Huile d'olive

Pour la cuve 2

2 poivrons rouges en lanières

200 g de tomates cerises

3 gousses d'ail pressées

1 courgette en rondelles

2 oignons nouveaux hachés

Quelques feuilles de menthe fraîche ciselées

3 c. à soupe d'huile d'olive

Sel, poivre

4 PERSONNES

20 MIN | 40 MIN | €

Pour la cuve 1

1. Saupoudrez la feta de menthe. Huilez les feuilles de brick à l'aide d'un pinceau. Enroulez chaque morceau de feta dans 3 feuilles de brick en les repliant bien.

Pour la cuve 2

2. Mélangez tous les légumes avec l'huile d'olive, salez et poivrez.

Cuisson

3. Dans la cuve 1, placez les blocs de feta sur la grille et programmez **20 min de cuisson à 180 °C en mode manuel**. Dans la cuve 2 sans grille, disposez les légumes et programmez **40 min de cuisson à 190 °C en mode manuel**.

4. Appuyez sur SYNC, pour que les deux cuissons se terminent en même temps, puis lancez la cuisson. Mélangez les légumes à mi-cuisson.

5. À la fin de la cuisson, disposez les légumes rôtis dans les assiettes, ajoutez la feta saganaki et parsemez de menthe. Servez aussitôt.

INDEX THÉMATIQUE

EXPRESS

LIGHT

GRAND CLASSIQUE

POUR RECEVOIR

RECETTE WAOUH

SPÉCIAL KIDS

TOUR DU MONDE

supporting
is unrelated to the
French fry, as the
in the region until
given the economic
century: "it is absolutely
fat for cooking
"French," as it
the Belgian Army.
French fries were
were sautéed in a
fries. They believe that the

INDEX
PAR INGRÉDIENTS

Q-R

S

T

V

Y-Z

INDEX ALPHABÉTIQUE

Retrouvez tous les ouvrages avec les recettes à réaliser dans la gamme Easy fry & grill de Moulinex :

Recettes
© Coralie Ferreira
sauf pages 16, 22, 26, 30, 56, 70, 76, 84, 96, 106, 110, 122, 124, 134, 180, 190, 186, 196 :
Pauline Dubois ; pages 38, 66, 88, 92, 116, 120 : Sandra Thomann.

Photographies
© Aline Princet (stylisme Coralie Ferreira assistée d'Alice Mauchant)
sauf pages 39, 67, 89, 93, 117, 121 : Fabrice Besse (stylisme de Séverine Augé) ; pages 17, 23, 27, 31, 57, 71, 77, 85, 97, 107, 111, 123, 125, 135, 181, 187, 191, 197 : Fabrice Veigas (stylisme de Pauline Dubois) ; pages de garde : © Shutterstock.

Dépôt légal : avril 2025
ISBN : 978-2-03-604948-2
EAN : 9782036049482

Fabriqué par les Éditions Dessain et Tolra
21 rue du Montparnasse – 75006 Paris – France

Imprimé en Espagne par Estella Graficas
338060/01 – 11057028 – mars 2025

PAPIER À BASE DE FIBRES CERTIFIÉES

Dessain et Tolra s'engage pour l'environnement en réduisant l'empreinte carbone de ses livres. Celle de cet exemplaire est de :
2,6 kg éq. CO_2
Rendez-vous sur www.dessain-tolra-durable.fr